大展好書 好書大展

大展好書 好書大展

社會人智囊
24

面談獲勝戰略

風間俊介 著
李芳黛 譯

大展出版社有限公司

前言

面談是一種戰鬥。

既然是戰鬥，當然就有戰略。無論多麼優秀的司令官，若無戰略便無法勝利。

但即使優秀的司令官有優良戰略，若缺乏戰鬥力，便無法戰鬥。

「司令官」、「戰略」、「戰力」三者完備之後，才能開始戰鬥。

司令官就是你。

教授戰略的是本書。

那麼，戰力是什麼？

就是「你」的一切。你的長處、能力、知識、思考力、大學時代的各種經驗等等，均可稱為你的最高武器與最大戰力。

但很可惜，像你這種大學生，幾乎都無法在面試的戰場上發揮真正的實力。

你具備什麼樣的長處？能力？知識？經驗？亦即你有什麼樣的潛力？大概連你自己都不了解。因為你沒有徹底分析自己是怎麼樣的一個人。

如果能將這些潛在能力轉換成戰鬥力，則戰鬥的準備就完成了。

已經有了你這位司令官，也又了本書之戰略，如果再加上優良戰力，就太完美了。

那麼，該如何將潛力轉變為戰鬥力呢？

這就是本書最大的主題，也是你從現在開始必須實行的課題。

本書是敍述在面談場合致勝的戰略。

同時，也論及將潛力轉變為戰力的方法。

「大學時代，我積極從事校內社團活動及校外打工，這就是我最大的戰力。」

也許你會這麼說。

「我的最大優點是具有行動力與決斷力。不僅海外旅遊經驗豐富，而且留學一年，我能將這些經歷當成最具有威力的武器。」

也許你這麼想。

但這些都是潛在能力而已，並非是能夠說服面試官的真正戰力。從這層面而言，你和其他有相同經驗的學生並無差別。

你必須將潛力轉變為戰力，你必須學習戰略。

如此，你不但能在「面談」之役中獲勝，還能獲得「錄取」的喜悅。

風間俊介

目錄

第二章　深入思考、使頭腦活性化！

第三章　認識自己

第四章　不可以這麼說話

第五章 面試的深義

第六章　這種問題這樣回答

第一章

這種大學生讓人討厭

「企劃小子」根本就是「規格小子」

「我希望有創造力的工作。」

「我希望企劃方面的工作。」

「我願意從基層做起。」

當面試官詢問「進社會後想做什麼？」時，最普遍的答案就是這些。也許面試官聽得都能背了，對於這種人，只有同情的份。

這種人與其說是「企劃小子」，倒不如稱為**「規格小子」**。對於「企劃」這個乍聽之下很不錯的名詞有著滿腹憧憬，但自己本身卻一點內容也沒有，只具備口中喊著「企劃、企劃」的能力而已。這些**連自己都認不清的愚者，就像規格品一般的大學生，不受歡迎**。

第一，這世上有不須要企劃力或創造力的工作嗎？

「當然有啊！像單純勞動力的工作就不用企劃力與創造力。」

也許有人持這種反論。

還是須要的。即使使用筷子將這盤子中的豆夾到另一個盤子裡，也須要創造力。

「該如何更有效率地將豆子移動完畢？」

這種想法就是企劃力與創造力。千萬別輕易使用「企劃」這個名詞，因為那代表你不動大腦。

只要進公司就好

考試是與他人競爭，既然有競爭，就有勝負，你必須取得勝利才行。

「參加本身就具有意義」，也許有人這麼說，但事實上，不勝利就無意義。

那麼，只要你進入公司，就一切ＯＫ了嗎？

「只要能進入第一志願公司，就實現了夢想，那是我最大的期望。」

真令人同情，你該為自己流淚。這種心情如何使你在面試時獲勝？你高中畢業參加大學聯考時，所抱持的心情是什麼？也許大部分學生是——

「希望能考上第一志願，只要能進那所學校，夢想就實現了。」

國中生也一樣、小學生也一樣……。

結果，你們所抱持的是**單純的目標**，而不是夢。不想進去後要做什麼，只要能進去就好。

這種想法在**企業不適用**。

「大企業業績穩定，又有終身任職的保障，只要能進去就算贏，還有什麼問題？」

也許是如此。但從另一個角度來看，如果像這種只要進去就好的員工增加，必定會造成企業愈來愈走下坡、收益日減，到了那時候，**成為裁員對象的**，一定是抱持這種心態的員工。

常常看到為了進入一流大學而將全身精力燃燒殆盡的人，這種人在上了大學之後，不但喪失目標，而且本身精力也燃燒殆盡。這種現象也可適用在初入社會者身上，各位千萬別將精力全用在一時。

以人生八十年計算，就職只不過佔你漫長人生的四分之一而已，只不過是一個通過點，在此時燃燒所有精力還太早。

不要只看公司名氣！

新力、松下、日立、東元、國際、華航、長榮、三菱、IBM、豐田汽車、日產、中國商銀、中國信託、花旗銀行、中國時報、聯合報、台視公司、中視公司、華視公司、台塑、台電……。

這些林林種種的公司中，你的第一志願、第二志願應該是**有名氣、規模大的公司吧！**

「因為安定。」

「因為有成長性、未來性。」

「因為有名。」

「因為感覺不錯。」

「因為形象好。」

「為了讓父母安心。」

「在朋友面前抬得起頭。」

這些人意識多低啊！想法多無聊啊！

就像家庭主婦購買動機一樣。

「在電視廣告中最常出現者優先選擇。」

也許有人指出：

「我想做大事，大企業裡才有大事啊！」

這種**愚蠢的學生**，只以表面商標品牌取向，最終會被埋在商標品牌中死亡。

並不是將名牌攬在身上就是有價值的人，而是成為有價值的人之後才與名牌搭配。**本末倒置**的做法只是徒留笑柄罷了。

這種以公司名稱為重的人，往往在找工作時缺乏業種一貫性，支離破碎地四處亂撞。

「新力、華航、豐田汽車、中國商銀都不錯，台塑、中油也可以。」

只要是有名的企業就好，至於工作內容則其次。這種學生沒有「自己真正想從事的工作」，既然如此，又怎麽能「做大事」呢？（也許「做大事」這句話本身就很空虛）像這種程度的學生，在面試的場合，絕對不可能強而有力地推銷自己。

總而言之，**最愚蠢的做法**就是只憑企業名氣選擇就業處。國內不少巨人迷，他們不是因為了解巨人隊的優點而喜愛巨人隊，而是單純地因為「電視只播巨人戰，從小就看到現在。」

再問各位一次。

你是不是只拘泥企業名氣選擇棲身之所？

會做事就好!?

你們在國中、高中時，應該學習到

「會唸書的傢伙才能進好高中、大學。」

這是冷酷的**偏差值第一主義**。

但你們大概沒想到其理論的延伸。

「出社會後，會做事的人最偉大，只要會做事，即使犯些小錯也無妨。」

只要會做事就好的想法，存在許多學生當中，一定有人這麼說：「我覺得自己比其他人會做事，因為我經驗豐富，讓我對自己有信心。」

也許求學時的打工經驗使你們這麼說。

但是這種**充滿奇妙自信的人當中**，真正會做事的，**十個人當中也找不到一個**。因為他們不了解打工的立場與成為組織中一員後的立場，其工作性質與內容有如天壤之別。

這世上沒有一個企業認為「只要會做事就好」。反過來說，「除了工作以外什麼都不會的人」，無法在企業中立足。

真正會做事的人，是在各方面均表現優秀的人。

換句話說，有人脈、有人緣、有領導力、工作孜孜不倦、有前瞻性、隨時思考如何提高工作效率、行動積極等條件缺一不可。

另外，最重要的還是與人交往狀況，必須隨時保持良好人際關係，獲得周圍人的信賴，缺乏這個條件，就稱不上是會做事的人。

寫到這裡，我想一定有人在面試時，**得意洋洋地告訴面試官：**

「我希望從事與人有關係的工作，我的人際關係很好，人脈很廣。」

這種自我推薦真傷腦筋。

千萬別弄錯了。

第一，沒有不與人接觸的工作。

第二，人際關係好本來就是前提條件。

第三，單純朋友多稱不上是人脈廣。

因此，請你改正「我很會做事」、「只要會做事就好」的幼稚想法。

別認為就業是打工的延伸！

打工所做的事與成為員工所做的事不一樣，這一點在前項中已經提過，但我想一定有許多學生還不太明白為什麼？所以此處再補充說明。

大學生幾乎都有過打工的經驗，請問那時你對「工作」有什麼感想？

「很愉快！」

「工作沒什麼嘛！」

「覺得自己也在上班，像其他公司員工一樣。」

「有些員工比我還差勁呢！」

不論對公司有什麼看法，大概沒有人由衷感到「社會真單純」吧！如果你潛意識裡有「自己很會做事，能力在他人之上」的**傲慢自信**，請立刻改正。

其中也許有被視為真正員工而派遣工作的學生，但大概一萬人當中才有一人吧！而且一定不是現在正在讀本書的你，因為如果這個人是你，那你已經不必讀本書了，你一定是公司最佳人選。

這種毫無根據的自信，以及**鄙視他人的態度**，是面試時的致命傷。

的確，大部分公司都存在不會工作的員工，但這是公司用錯人的結果，從某種角度來看，也是企業不得不付出的代價，與這種「不會做事」的員工相比，「自己會做事」代表著什麼？

而且負責人事的人會以——

「這個人比本公司不會做事的員工A會做事」。

為判斷基準而採用你嗎？企業只會因為你的未來性、可能性而錄取你，**絕對不會因為你比公司差勁員工優秀而錄取你**。

而且通常你們在說「自己會做事」時，一點根據也沒有。如前所述，打工的工作與員工的工作，在本質上即有很大差異，在公司工作，並非單純的「做上司交待的事就好」。

短期間的打工絕對遇不到組織成員所會遭遇的難題、障礙，而且公司內外的人際關係之複雜，也不是短期打工的你所能領會的。

這些都必須在你實際踏入社會工作後，才能真正體會。工作絕不是打工的延伸，這是社會新鮮人該有的最基本認識。

不懂禮儀的學生走開！

二十歲以上的大學生，在法律看來已經是成熟的大人了，但從社會的眼光來看，還屬於「小孩」的領域，也可以說只是「半個社會人」。

但企業要求的，當然不是小孩，也不是半個社會人，而是完全社會人，是能依自己判斷行動、能夠自律的「成熟社會人」。

然而，你們大學生又是如何表現的？比約定時間遲到三十分鐘，也不在乎地表示：

「坐車下錯站了……，人好多，沒看清楚。」

好像不是自己的錯，而是站牌、其他人害你似的。

或者也有學生明明知道二家公司正好排定同一天面試，但到了當天才打電話要求：

「可不可以變更時間？」

更有人**乾脆連電話也不打**，就當成是遇到突發狀況而遲到，或者**拜託家中母親**

，在公司打電話來詢問時，為自己編織謊言……。

這些人都欠缺成為社會人的最低限度常識與禮節，**不適合社會生活**。這不是我杜纂或編排的笑話，這種學生到處都有。

自己到底是什麼樣子？你想過這個問題嗎？如果欠缺責任感、不認錯，就無法在這個社會上生存，尤其是連最簡單的

「對不起！」

「真抱歉，我錯了！」

「不好意思，給您添痲煩。」

等基本詞句都說不出口，不願向人低頭者，如何能在社會上與人培養良好人際關係。

不只大學生，很多一流企業中的員工也是如此，這就是僥倖進入大企業之後，便以大企業為後盾，所產生的「驕傲心」，真是可憐又愚蠢的員工。這些人一定不了解自己的這種缺失。

連經營社會生活**最基本的常識、禮儀都不懂的學生**，哪一家公司喜歡呢？

你們尚未成為完全社會人，只是半個社會人而已，但一定得表現出成熟社會人

該具備的言詞、行動。如此，在你踏入社會，遇到各種場面時，才有能力應付。平常就得不斷回顧自己的言行，仔細檢討自己的缺失，以培養優良的實力。

「那個人真優秀。」

受到如此稱讚，不是因為「會做事」，多半是因為會在適當時機說「對不起」、「我錯了」，絕不是一味只為自己辯護的人。

別想拉關係進公司

每年到了就業季節，各大企業便會收到許多推薦函。許多人想盡辦法找與自己想進入公司有關係的人，否則朋友的朋友也可以，反正只要能沾上一點邊，就想借助其一臂之力。

有關係真的比沒關係有利嗎？

老實告訴你吧！

那種程度的關係，**有沒有都一樣**。聰明人應該以自己的實力參加筆試、口試，如果實力不足，只靠關係進入，結果可能會很慘。

「我找人說好了，百分之百能進那家公司。」

發此豪語者，通常是那些雙方企業有往來，為了公司現在或未來的利益，於是接受對方推薦的人選，或對方的子女，這種超強關係的學生。

如果你是屬於那種「拼命想找關係」的人，勸你**別浪費時間在這層面上**，還不如趁機多參加各公司的筆試、面試，收集各公司資訊，仔細評估那家公司究竟是不是自己真正想進入的公司。

雖說如此，但若大學時代因某種機緣結識在自己希望進入的公司任職者，你倒是可以好好利用這層關係，雖然他不能保證你一定能進入這家公司，但至少能讓你對公司有進一步的了解，一定對你有正面價值，你必須好好運用。

總而言之，如果你認為「我有關係」而安心，那就大錯特錯了。

「別小看公司！」

這是企業發出的聲音。

不要只想做自己喜歡的工作

「進公司後，你想從事哪一方面的工作？」

對於幾乎所有面試官都會問到的這個問題，實際上也是對所有新鮮人而言的切身問題。

首先，你對公司有哪些**職種並不十分了解**，即使有某種程度的了解，也很難掌握具體工作內容。

對你們而言，工作只有「想做的工作」與「不想做的工作」二種而已。

那麼，你能具體說出自己想做、喜歡做的工作嗎？

「嗯……我希望能從事可以發揮創造力的工作。」

「可不可以說得具體一點？」

「嗯……例如企劃方面的工作，像商品的開發、新產品的規劃、與外國人交涉……等等。」

「這就是你想做、喜歡做的事？」

「是的。雖然無法說得更具體，但總之就是這方面的工作。」

你們所想到的具體工作內容，大概就是這種程度。企劃、商品開發、規劃、到國外出差……。

說了跟沒說一樣。

例如，你在便利商店打工。

「我想當店員，販售商品、打掃商店、清查貨品、仔細思考怎麼樣才是最佳陳列，另外雖然還沒做，可是可以試試看像超級市場一樣，一年舉辦三次大拍賣、折扣促銷，而且還要加強廣告推銷產品，並且多吸收國外超商最新資訊，我想至少在這些方面必須做好。以上就是我最想做的工作。」

這種說法不但具體，而且有說服力，並傳達了你對工作的熱情。

以上說法不也包含了你最喜歡的企劃、創造性工作嗎？

但我想你們希望從事的應該不是這種工作。

那麼，你們所謂的企劃、創造性工作，到底是指什麼工作？

如果說不出先前超商工作是「我不想做的工作」的理由，結果就和沒說一樣。

說得坦白一點，其實你們所說的「喜歡的工作」、「想做的工作」當中，也包含了不喜歡的工作、不想做的工作。

「只要是喜歡的工作，再辛苦也願意！」

也許你們會為自己崇高的理想提出反論，但那只不過是**缺乏實體的抽象理論**而已。為什麼呢？

因為你們根本說不出「喜歡的工作」之具體內容。

你們只不過拘泥世俗眼光，想做「令人羨慕的『好工作』」而已。

這世上沒有一位員工只做自己喜歡的事。

希望你們先有這層認識，然後自問「到底什麼才是自己喜歡的工作？」

工作不僅是按期做完便罷！

你們這些大學生在校時，對於教授所規定的報告、習題、論文等，只要按期繳交就沒事了，姑且不論內容好壞，只要在規定期限內完成，即可得好評，因為從小學開始就處於這種被動環境中。

很多學生在踏入社會工作時也依照這種規則。

「只要在上司規定期限內做完所交待的事就算大功告成。」

的確，有些人沒辦法在期限內做完工作，所以和他們比起來，如期完成已經算是不錯的了。

且將現實狀況擺一邊，在面談的時候，認為「如期完成所交付的工作即可」的大學生，絕對無法獲得高評價，這些你們應該清楚吧！

然而，有這種消極想法的人，往往在無意間就透露出這種訊息。

「我踏入社會後，願意嘗試營業、販賣、總務、宣傳、管理等各方面工作。我不是理科人材，所要求『明天交出一張圖表』可能對我而言有些困難，除此以外其他工作我都有自信！」

乍聽之下是很有氣勢的發言，但實際上這位同學卻**缺乏主體性，屬於被動性**。從發言中看不出你願意做上司交待工作以外的事情。

從公司的立場來看，你完成交付工作是理所當然的，除此之外，自己開發新工作，願意向新事物挑戰的人更被期待。姑且不論實際成為公司員工後是否能做到這一點，至少面試官希望大學生具備這種積極性與自發性。

請牢記，思考被動的學生，發言也被動。

拋棄「組織齒輪」論！

「在大企業任職的員工，只不過是一個小小的齒輪而已，但因為它有安定性這項大魅力，所以廣受大學生喜愛。」

你周圍一定有這種達觀想法的同學。

但這種想法**很明顯並不正確**。公司並不是只依固定律動凝縮成的巨大汽車，在其中工作的人具有意志力，這一點就明顯與無意識的齒輪不同。從某種角度而言，企業愈龐大，每位員工就愈被要求具有柔軟性，必須依組織狀況調整自己。

學生所稱的「組織齒輪」論，只不過是對於巨大組織而言，表現出人的渺小而已，根本是**空談**。的確，公司經營者是總舵手，員工只不過是一個卒子而已，但你也許不知道，少了這個卒子，不但組織不成立，也可能因此在戰鬥中敗陣下來。

從象棋盤局來看，判斷哪一個俥重要、哪一個俥可以丟掉？根本一點意義也沒有，因為每一個俥擔負的任務都一樣。而且從整個大局而言，主帥的功效不見得比其他棋子大。

其實企業也了解這一點，實際上，由於中層管理不良所造成的經營基盤崩壞，使得企業界盡量裁減管理人員，而偏向任用具有未來性的年輕人。

「大企業員工＝組織中的齒輪」

這種理論單薄且不具實體，各位應該了解了吧！**千萬別從你的口中出現這種理論**，否則對你只是有害無益，而阻礙你在大企業中的表現。

這種愚惷的觀點，應該立刻捨棄。

別小看中小企業

前項已指出認為大企業員工是組織齒輪學生的愚蠢。但這是從希望進入大企業者的角度而言，另一方面，希望進入中小企業的學生當中，許多人也**犯了如前者般理論上的錯誤**。

「大企業的員工只不過是組織中的一個齒輪而已，所以我以中小企業為目標，中小企業可以讓我盡情發揮，比較容易成功。」

這又是一種錯誤想法。**太小看中小企業了**！在他人眼中，你的想法有偏見，而且非常狹隘，誰會喜歡僱用這種學生呢？

第一，「能做的事」和公司大小無關，而是個人的問題。

第二，在大企業中無法成功的人，在中小企業中也無法成功。

從競爭原理來看，好像大企業的競爭對手多，但規模大則成功機會也多，若一百人當中有十個管理職位，則一千人當中就有一百個管理職位，所以只是單純規模不同而已，機率是一樣的。總而言之，成功與否視個人能力而定。

也有學生表示：

「在中小企業裡可以發揮自己能力。」

的確具有積極、大膽的氣概。「想做事」的人不一定能「成功」，但**至少表現出「我願意開拓前途」的熱情**。這就是與那些以大企業為目標者的最大不同點。

中小企業比大企業更具前瞻性，希望各位對人生更具有信心，不論什麼大企業，最初不都是從小企業開始的嗎？

別以為輕輕鬆鬆就可賺錢！

基本上，人類是追求快樂的動物，關於工作也一樣，誰都希望有——

「輕鬆、愉快就能賺錢的工作。」

但是，現實當然沒這麼迷人。**輕鬆的工作必定薪水不高，愉快的工作必定缺乏成就感。**至少在你初入社會，想賺更多錢就必須加班，或者兼其他的差，但這並非現在討論的重點。你們學生在面談時，最喜歡提出下列問題：

「放假情形如何？」「有年假嗎？」「常常得加班嗎？」「工作忙不忙？」「待遇好不好？」

對於不了解公司的應徵者而言，也許這些切身問題真的很重要，但非得利用這麼寶貴的時間來問這些工作以外的問題嗎？

例如：有沒有放年假，如果你已經計劃好自己未來一年的人生規劃，那麼這問題就具有意義。其實對一位新人而言，年假並不太可能，除非是以「業務遭遇重大障礙」為理由，對你發出解僱通知，那麼你就可以放長假了。既然是以工作為目的，最好不要在面試時討論休假問題，實際進公司就知道了。

你們之所以重視休假多寡、有沒有加班，無非是希望「事少而錢多」，這種**卑劣的想法**一定會被面試人員一眼看穿，還是別問吧！

如前所述，任何人都希望「工作輕鬆、賺錢多」，但**大人社會的規則**是不要說出來，根本沒有必要特意將此「問題」擺在檯面上來談。

所以，你們乾脆將這種「事少錢多」的想法丟棄，以專注工作的心情參加面試，企業所期望的學生是「孜孜不倦於工作」者。

第二章

深入思考、使頭腦活性化！

知性表現在臉上！

人的臉可分別為三種類型：

「優秀臉」、「普通臉」以及「愚蠢臉」。

在進入面談室，與面試人員面對面的瞬間，令人留下好印象的，無非是「優秀臉」的學生。

但「優秀臉」指的絕不是一般世俗眼光所謂的俊男美女。

「優秀臉」是一張富有朝氣、自然閃爍出光芒的臉，也就是給人一種「這個人一定很會做事」那種充滿自信的表情。

但很不幸，正在閱讀本書的各位同學，你們所表現出的幾乎都是「普通臉」或「愚蠢臉」（對不起！）。

既然如此，就很難得到企業的青睞，也許可以說**幾乎絕望了**。只以筆試決定錄取與否的企業，也許就不在乎你的「優秀臉」或「普通臉」，但現在幾乎所有企業都採用「面試八、筆試二」，或者「面試九、筆試一」的比例決定錄取與否。

「優秀臉」與「普通臉」有什麼不同呢？

極端「愚蠢臉」的情形另當別論。

「愚蠢臉」及「普通臉」的學生，均可因努利而使自己接近「優秀臉」的程度嗎？

是的。

任何人只要努力，就可成為「優秀臉」。

那麼，該怎麼努力呢？好，先介紹幾則名人實例，讓各位一探究竟。

島田紳助這位藝人，長相絕稱不上英俊，但如今他的臉顯現出活力，對工作充滿自信，呈現出「優秀臉」的面貌，為什麼？

也許各位同學不知道，以前和松本龍介搭擋的島田紳助，面貌近似「愚蠢臉」。

雜亂的頭髮、缺乏朝氣的面容，以「我的身體很虛弱！」來博取觀衆的笑聲。紳助不但不是「優秀臉」，也非「普通臉」，怎麼看都像是個頭腦不靈光的高中不良少年。

然而，現在完全不一樣了，他的認真、專心、用功……使他呈現出「優秀臉」。

島田紳助的臉為什麼會起這種變化呢？

同樣，本木雅弘也是如此。

島君、木君、福君三人組成一個合唱團，本木是其中長得最英俊的一位，但卻稱不上是「優秀臉」。

不過現在他的臉龐多了一份嚴肅神情，給人一種大男人的威武印象。

島田紳助、本木雅弘二位昔日非「優秀臉」的人，只是單純因為「年輕」這個理由嗎？

那麼，歌手松本伊代的情形又是

如何？

過了二十五歲後，她比十幾歲時看起來美麗多了，但即使如此，她和其他歌手或藝人比起來，並不特別美麗，雖然也許在街上遇見，你會發現這位女孩真可愛，但從藝人的角度出發，她只能稱為「極普通的臉」而已，而且歲月也沒有在她臉上留下痕跡。

二十幾歲的伊代，仍像十六歲那時的可愛模樣，為什麼呢？

以下就是結論了：

「優秀臉」就是**知性的光輝**。

並非指會不會讀書，或者頭腦聰不聰明，而是指「知性的光輝」。

所謂「知性的光輝」，是經驗、思考累積成的「內在光輝」。

島田紳助、本木雅弘的臉上之所以閃爍光輝，也許是他們慎重思考自己藝人生涯、不斷努力後自然流露的神情，也就是**思考的結果**。

思考使他們變成「優秀臉」，由於一顆不斷向上、絕不懈怠的心，使他們成長為「優秀臉」，他們現在的臉一定比以前更具有智慧。

俊男美女是天生，「優秀臉」才是自己創造的。

上班族之所以比大學生更具有「優秀臉」，最主要就是上班族經歷過社會的鍛鍊，經歷工作上的成功、失敗經驗，為家庭付出心力的結果。

這些人成為面試官，面對你們這些大學生，透過你們的表情、言詞、舉止，即可當下判斷你們是不是屬於具有未來性的「優秀臉」。

因此，你們非得使自己儘量接近「優秀臉」不可，因為**這就是你們面試成功的關鍵**。

本書正是教你這個方法，只要確實施行，你們一定可以轉變為「優秀臉」。

雖然時間不多，但現在開始還不算遲。

一定要做思考訓練！

在面試獲勝的學生，必定是具有「優秀臉」，亦即具有「知性光輝」的人。

那麼，怎麼樣才能具有知性光輝呢？

你們曾經針對某件事情，花費長時間仔細、深入地思考過嗎？

「關於憲法第一條，你有什麼看法？」

「你認為徵兵制或募兵制適合國內嗎？」

「經濟發展受阻的原因是什麼？」

「如何有效預防愛滋病？」

「子女一定得從父姓嗎？」

「如何教育青少年具有正當性觀念？」

等等。

不論什麼問題都好，你曾深入探討過嗎？

也許沒有。

「有時間寧願聽聽音樂。」

有人這麼回答。

這種態度是不行的。由於現實社會偏重學歷，考試第一的教育制度使得學生們只會照本宣科，缺乏自己思考的習慣，結果雖然在考試時獲得高分，卻對事物缺乏深入思考。

在社會上充滿這些不會說明自己思考內容的人，就成了社會最大的弊害。

你們不會深入思考。因為不會思考，所以沒有問題產生，結果就成了現在的你們，不好也不壞，只是「極普通的臉」，感覺不到知性的光輝。

請對某個主題做深入思考，這種思考訓練的累積，一定可以使你們變成「優秀臉」。如前所述，不論什麼主題均可。

「總統制好還是內閣制好？」

不必非得找這麼嚴肅的話題，自己的興趣、家人、異性關係等層次均可。決定主題後，就必須進行知識、情報總動員，不斷思考、思考、再思考，沒有範圍，一直思考至你腸枯思竭為止。

當然，不是五分鐘、十分鐘的思考，早起刷牙時、搭車時、吃飯時，都得不斷地思考。

時間長短沒什麽關係。

所導出的結論好壞也沒關係。即使你向朋友談及結論，朋友反駁道：

「你的想法錯誤！」

你也不必太在意。

重要的是**「不斷思考」**的思考**訓練**。

象棋高手米長邦雄曾在著作中提到——

「下象棋是在頭腦中描繪一個棋盤，一盤一盤地連續進行，直到四十、五十盤的時候，頭都已經暈了，就這樣持續三小時，使集中力達於界限，也就是腦汁呈流汗狀態約三小時，大概就是極限了。」

照米長九段的說法，解棋是為了培養集中力與耐力的頭腦訓練，能真正做到的才具有真功夫。

你們不是下棋專家，沒必要解棋，但像這種**「腦汁流汗」**的訓練是必要的。

因為在以一切論勝負的嚴苛象棋世界裡，每位棋士都表現出「優秀臉」。

經過嚴格修行與思考訓練，棋士們個個都**展露出充滿知性光輝的臉龐**。

來吧！不管什麼題目都可以，以「為什麼」的疑問形式設定主題，讓腦汁流汗吧！

光背新聞毫無意義！

為了應付在筆試、面試時出現的時事問題、社會問題，你們應該養成看報習慣。

但這種行為並不包括背誦，只要單純記住「我知道這件事」即可，不必深入研究新聞內容，因為那**並非你的思考產品**。

例如有位主考官問你：

「你認為愛滋是一種什麼樣的病？」

「愛滋病是後天性免疫不全症候群，各界懷疑它起源於非洲，因為第一位患者就是出現在非洲，而且這是一種同性戀者性行為所感染的特殊疾病。但最近異性戀者之間感染者有增加趨勢，形成社會上一大問題，而且發病後的死亡率為一〇〇%，非常恐怖。」

這種回答真糟糕！**言不及意**。你所說的內容只是大家不可不知的知識罷了。

面試官問你「愛滋是種什麼樣的病？」並非要你說明愛滋這個病，而是問你「

你對愛滋病的看法」，希望你們了解問題內容。

極端的回答是：

「我想全人類會因愛滋而滅亡。」

對於這個答案，一定會緊接著一個問題：

「為什麼你這麼認為？」

這就必須經過準備後才能回答了，因為你必須有足夠的說服力，說明「令人類會因愛滋而滅亡」的理由，而這就得依賴新聞資訊了。

換句話說，你必須透過對愛滋的看法，表達你對事物的思考方式，而且這和思考方式正不正確無關，重要的是你與其他大學生不同的著眼點，

從你的回答可以看出你的思緒敏捷度及深入度。面試官**不是想聽你解釋問題，而是希望聽到你內心的聲音**。

你無法得知面試時會被問到什麼時事問題或社會問題，所以無法事先準備，也正因為如此，「日常思考」訓練就很重要了。

至少讀一本新書！

為了創造「優秀臉」，每日應進行思考訓練，而光是背誦新聞，對於思考訓練而言毫無意義，同樣的事情也可用在讀書上。

常常看見學生在求職履歷表「興趣」欄中填入「讀書」，這些學生可說**毫無自覺**。嚴格說起來，讀書不是「興趣」，而是應該做的事，但最近學生離書太遠了，所以將「讀書」視為「興趣」。

既然你想在興趣欄中填入讀書，至少也應該寫得具體些，例如讀書（推理小說）、讀書（歷史小說）、讀書（科技小說）等等。

好，再回到主題。

現在你必須將單純為娛樂而讀書，改為為進行思考訓練而讀書。光是瀏覽書本並沒有助益，必須**存在問題意識閱讀一本書**。

書的種類不論什麼都好，經濟、政治、環保等堅硬內容，或感情、勵志等軟性內容，甚至探討性關係的書本都沒關係。

對於一本書，首先自問自答這本書有沒有趣，假設答案是有趣，則想想看「為什麼有趣」、「什麼地方有趣」、「怎麼個有趣法」，然後從對於書本內容主張有無同感、優缺點為何等項目自我評估。可能的話請以同類書互相比較、檢討。

「為什麼相同內容的書，A書就比B書來得乏味？」

以這種方式自問自答。

請你在面試之前以這種方式讀書。如此一來，原本只會表面抽象思考的腦汁，應該可以**進步為具體理論性的思考**，這種進步一定可以讓你在面試時發揮威力。

總而言之，就是「自己在頭腦中思考自己所陳述的意見」。

讀書是你在面試前必須從事的準備工作之一，而且至少應該閱讀面試前數個月出版的新書二本，以前述方式進行思考，而且這二本書最好軟硬內容均衡，例如一本論述經濟，則另一本為與自己興趣相關的書籍，即使漫畫也可以。

但在選擇書籍時，必須考慮到

「自己是否能針對此書提出自己的想法、主張？」

如果答案是否定的，則請找另外書籍，否則讀了也是白費。

現代人讀書應該從娛樂性走向**自我開發性**，希望各位切記。

了解自己！

許多企業之所以重視面試，是因為想知道這些剛從學校走出來的學生，「到底是怎麼樣的人」，所以面試人員會從各種角度觀察你們。

「對企業而言，是得？是失？」

他們必須在短暫面試時間內判斷你對企業的價值。因此，你也必須在短時間內傳達「我是這樣的人」給對方知道。

問題是「我是這樣的人」當中的「這樣」部份。你真的知道該如何介紹自己嗎？

你應該介紹的自己是「**在實際體驗中真正自己的姿態**」。

酒廊裡常見這樣情景：

「我年輕的時候，親自和老闆談判，而且得到老闆的重視，那時真是風光！」

常常可以聽到一些微醉的老先生，在驕傲自己的過去，但聽起來很悲哀，因為他們說的是「以前的自己」，現在的自己好像空空如也。

你呢？

在這二十年當中，你有什麼值得示人的體驗嗎？

關於此方法將在第三章再論述，但萬一「沒什麼值得示人的體驗」，就傷腦筋了，因為你將無法突破面試這一關。

那麼，該怎麼辦呢？

你對就業死心吧！這是最佳方法，因為這種人對企業而言一點用也沒有。

本章以成為「優秀臉」的方法為主，也就是說明思考訓練的方法，只要你了解這一點，應該就可以發現「介紹自己」的方法。總之，「沒有值得示人的體驗」者，就不必思考「自

己是什麼樣的人」了。

其他就業書會這麼寫：

「沒有特殊體驗的人，請在面試前出國旅遊一趟，或找機會打工，增加親身經驗。」

這或許也是一種方法，但與其臨時抱佛腳這麼做，還是希望你**有真實深切的經歷比較好**。膚淺的體驗最終也只能有膚淺的表現而已，無法傳達「真正的自己」。

你現在應該先試著問自己：「自己到底是什麼樣的人？」

有自己專屬的想法！

為什麼想進入A公司？為什麼以A公司為第一志願？你認真想過理由嗎？

「因為它是屬一屬二的大公司。」

「薪資高，退休金優渥。」

「因為安定。」

「因為具未來發展性。」

「因為名氣大，在朋友面前抬得起頭。」

「可以讓家人放心。」

這是大部份學生的真正想法，但這種程度的思考怎麼讓你變成「優秀臉」呢？別開玩笑了，**這麼膚淺的思考如何登大雅之堂**？

面試人員在想知道「你是什麼樣的人」的同時，也在探尋「為什麼想進入本公司」的動機，這時，如果這是一家小公司，你被問道：

「為什麼你不到一流大企業，而願意到我們這間小公司呢？」

你該如何回答？這就得靠你自己思考了。

只有你自己才知道為什麼想進入這家公司，**你必須擁有自己專屬的想法**。

假設你在「集英社」面試時回答：

「我從小就很喜歡漫畫，為了漫畫這份工作，我可以放棄其他一切，希望從今以後，我能從漫畫忠實讀者，一躍而為漫畫工作者。」

這種答案看似滿腹熱情，卻不及格。

「漫畫並不是我們公司才有啊！講談社、小學館、秋田書店也都有，所以你也不是非來我們公司不可啊！」

面試官一開始希望你回答的是：

「為什麼你想到集英社當編輯，而不是到其他出版社？」

該如何回答呢？關於這個問題，你必須深思、再深思！你真正想做的是什麼？你的專長是什麼？這是個極嚴肅的問題。

這問題適用於任何行業，所以沒有標準答案提示，只能靠你自己思考回答。

而為了幫助自己思考，收集研究公司資料很重要，但很可惜，在未進入公司成為正式員工之前，很難了解工作內容，其實就算同一家公司員工，不同部門也難以互相了解。

既然如此，你與其研究企業，倒不如**徹底思考自己想做什麼**。你應該有個具體目標，而不是夢想，例如「想當編輯」、「希望從事廣告企劃」、「希望在營業部門」等等，有個正確方向。

如果思考結果，這家公司並不適合你，那你最好換一家公司，因為沒有說服力的動機，很難讓你通過面試這一關。

聽聽長輩的意見！

你應該很想知道，自己志願的企業需要什麼人材，而實際上，也只有企業負責人及面試人員知道。

不過，你也許可以透過關係從旁了解。沒錯，你的父親、兄長就是最佳消息來源，先向他們打聽，**企業需要什麼樣的大學畢業新鮮人？不喜歡什麼樣的大學畢業生？**為什麼呢？

「我不管人事，所以不清楚。」

如果你父親這麼回答，則你試著問：

「那麼，什麼樣的人在公司『吃香』，什麼樣的人『不吃香』？」

相信父親、兄長一定會提供一些意見。

這就是你想了解的答案。

「**沒有協調性的人不行**。和其他人相處不好的人做不好事。像我這部門的A，雖然進公司已經三年了，可是……」

「缺乏剛毅之氣的人很難成功。沒有幹勁的人，主管絕對不會交待他重要的事，就像營業部的B，只會說不會做……」

「**自己應該積極找事做**，當自己意見和他人意見相左時，最好冷靜聽取他人意見，然後客觀判斷，像C先生以前……」

等等，不管是否列舉姓名，但相信你可以從中掌握一些訊息。

聽完意見後，便是你作業的開始。

首先，將這些意見與自己對照，自己有什麼優缺點，一一找出來。

然後發現自己優秀的一面，想想

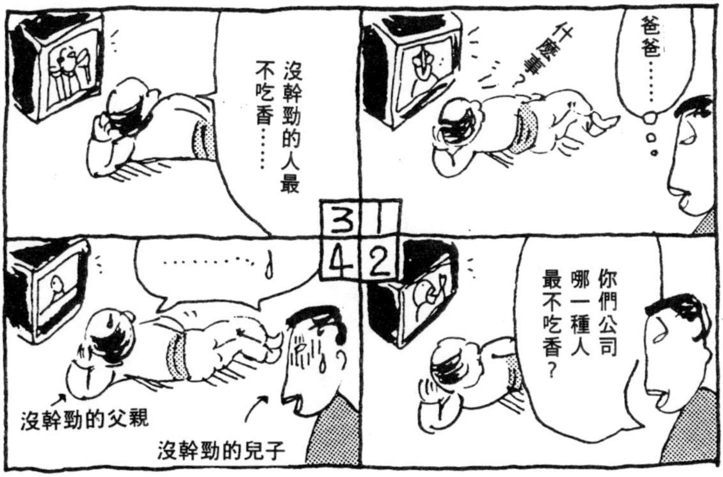

該如何有效地展現在面試官前。

「我喜歡與人交往，具有協調性。」

這種答案不及格。「喜歡與人交往」、「具有協調性」這些言詞，並**無法傳達給對方什麼訊息**。你應該敍述大學時代的小插曲、體驗，這也是一種思考訓練，如果做不到就算不及格。

從與員工交談中了解公司！

決定你想進入的公司之後，應該設法與公司員工聊聊，這時應該注意什麼呢？

「待遇如何？」

「休假情形如何？」

「工作繁重嗎？」

「什麼部門比較好？」

「哪一部門最有變化？」

「怎麼樣才能派駐國外？」

想問的事項堆積如山，但這些問題幾乎**一點意義也沒有**，如果你只是想問這些問題，那還是算了吧！**除了讓人迷惑以外，什麼也沒獲得**，請別浪費別人寶貴的時間。

你應該問的是：

「公司需要哪一種人？」

這才是重點。

「哪一種人受賞識?」

「哪一種人『吃香』?」

「哪一種人『不吃香』?」

「哪一種人擔任重要工作?」

和前一節聽聽父親意見的想法完全一樣。

事實上，這個問題包含二大優點：

第一，了解企業需求的理想人物。

第二，了解「這企業是什麼樣的企業」。

前者意見可以讓你在面試時知道如何表現自己，以符合公司的需求。

後者可提供你判斷「這企業對自己而言，是不是理想企業?」

事實上，這才是訪問公司員工最重要的重點。

「公司需要什麼樣的人材?」

從這個問題的答案中，你應該可以看見企業**現在的姿態與將來性**，並了解公司的氣氛與人的型態。

「A先生總是默默地做事，可是總得不到上司的器重，反正大家各做各的，只要交待的事完成就好，何必那麼投入？」

「在公司不能有太多意見，否則會被視為異議人士，千萬別管別人的事！」

如果你得到這些意見，那就完了，因為你可以判斷此公司缺乏未來性。

當然，如果這是你的第一志願，則不要立刻死心，多訪談幾位再說。

能實際參觀公司工作情形當然再好不過了，不過這不太可能，還是盡量利用訪談員工，從多方面了解公司比較妥當。可能的話，還可從遠處觀察出入公司員工的狀況後再做判斷。

看看員工是不是表情焦慮？是不是面容緊繃？是不是外表疲倦？……

親眼證實之後，再仔細考慮：

「真的想進這家公司嗎？」

企業希望好人材，但**你們也應該挑選好企業啊！**

第三章

認識自己

在鏡前確認自己的臉

所謂面談，就是「自己能否戰勝他人？」或「如何將自己傳達給對方」之意。因此，了解「自己究竟是怎麼樣的人」比什麼都重要，如果不了解自己，就不可能在**短時間內有效地將自己完全表現出來**。

一開始，先在鏡前仔細端詳自己，這時候當然應該反映出○○大學○○系明年畢業的臉，這張臉看起來如何？**是「優秀臉」**嗎？

請以下述項目為判斷標準，以○×評定自己的形象，自己無法評定者以△為記號。作答時請看一題題目檢視一次鏡中的自己。

①看起來就像大學生……□
②看起來像社會人士的臉……□
③看起來充滿朝氣……□
④眼神看起來陰險……□
⑤看起來敦厚老實……□

⑥臉色不佳……………………………………………□
⑦看起來飽受日曬…………………………………□
⑧一副認真的神情…………………………………□
⑨看起來玩性強……………………………………□
⑩看起來意志堅強…………………………………□
⑪看起來很軟弱……………………………………□
⑫看起來很靈活……………………………………□
⑬看起來很笨拙……………………………………□
⑭看起來值得信賴…………………………………□
⑮看起來有內涵……………………………………□
⑯看起來對異性有吸引力…………………………□
⑰看起來對異性毫無吸引力………………………□
⑱看起來溫順………………………………………□
⑲臉龐具有個性魅力………………………………□
⑳看起來色瞇瞇的…………………………………□

如何?有些人對每一項目均能肯定塡入○×,有些人則對自己很難下判斷,多塡入△。

問題在於後者。

二十項幾乎毫無遲疑能塡入○×者,可說是「對自己有自信的人」。而△記號為多者,就是連自己都不太了解自己的人。如前所述,不了解自己的人,根本無法將自己的長處展現出來。

二十道問題中,「哪一題為○或×比較好」的問題一點意義也沒有。這裡是讓你自我測試**對自己「有無自信」**,而非讓你知道「你在他人眼中的印象」。

你在他人眼中的印象,必須由你以外的人在□內塡入○×。

這是了解自己相當重要的一部分,請各位同學務必一試。

但也不必看得太嚴重,因為對自己沒信心就死心。這本書的目的不是讓你們喪失自己,而是希望你們「思考再思考」地累積思考訓練,**讓自己極普通的臉慢慢變成「優秀臉」**。

另外,還請你們在鏡前做一件事。

那就是做出笑臉,接著生氣、哭泣、認真、不在乎、開玩笑、散漫、嘴巴打開的呆樣、愛睏、撒嬌、誠實、剛毅、壞心眼、緊張等各種表情，一個個地檢討，站在面試人員的立場，想想什麼表情最好。

不過這看似簡單，實際上非專業人員很難做出各種表情，所以此處盡你所能即可，但極自然的笑容和認真的表情二種，一定得切切實實地做出來，而且希望各持續三十秒。

這時候，也許你會注意到你的笑容並沒有魅力，或許你也會發現，原來自己認真的表情看起來一點也不認真，甚至你可能覺得自己有點蠢。假設如此，那也**正是現在你的樣子**。

「我的長相缺乏魅力，是雙親生

下的，根本不是我的錯！」

你錯了！臉的基本構造的確是遺傳子的緣故，但笑容是否具有魅力？認真臉是否看起來真實？就完全看你自己了。二十年來，你的所學、體驗、悲、喜、哀、怒、感動等，**一切均表現在你的臉上**。

如果這張臉不盡理想，那麼現在就立刻實施第二章敍述的思考訓練，重新改造自己，至少可以讓你往「優秀臉」進步。

而成為「優秀臉」的捷徑，就是「了解自己」。

設計履歷表！

利用前述之鏡子法「認識自己」竟然如此困難，不認識自己不但無法向對方表現自己，**也無法在面試時獲得勝利**。面試人員並不是長久與你相處，或是十分了解你的父母親。

現在請準備鉛筆做一件事，這是絕對不能向企業提出的**超個人「秘密履歷表」**。請針對以下事項，仔細思考後具實回答。

首先回顧中學時代。

一九××年，當你就讀高中時，到底你是怎麼樣的一位學生？

・讀書（用功、不用功）

・喜歡的學科是（國語、數學、英語、理科、社會、音樂、體育）

・討厭的學科是（國語、數學、英語、理科、社會、音樂、體育）

・上課（喜歡、不喜歡）

・運動（不錯、不行）

・在班上的人緣（好、不好）
・喜歡的異性（有、沒有）
・有沒有翹過課（有、沒有）
・身體（很好、常生病）
・朋友（多、普通、少）
・有沒有擔任班上幹部（有、沒有）
・發揮領導力（有、沒有）
・學校規則（遵守、不遵守）
・社團活動（投入、不投入）
・讀書（常讀、不常讀）
・對父母（順從、反抗）
・作業（按時做、不按時做）
・考試時（熬夜讀書、每日孜孜不倦）
・高中生活（快樂、不快樂）
・性格（外向、內向）（積極、消極）

・印象最深刻的回憶？

從以上問題得知高中時代，你是怎麼樣的一個人？然後以相同要領回想國中時代的你。

之後請接著回答以下問題。

・高中時代的你，進大學之後想做什麼？

讀書？社團活動？打工？談戀愛？發展興趣？……等等具體回憶。

回首大學時代的自己！

那麼，實際進入大學之後，你成為怎麼樣的一個人？事實上，這才是最重要的部分。前項回首高中時代、初中時代，是為了回顧你這個人的成長過程，也就是得知現在的你是如何形成的。

關於這一點，從進大學後至現在這幾年之間，**是面試人員最想了解的一環**。

首先，請依前項高中時代的你，和現在的你比較看看，什麼變了？什麼沒變？為什麼改變？改變的結果是好的嗎？高中時代所訂立的目標，在大學時代實現了嗎？如果沒實現，原因是什麼？請一層一層地深入思考，剖析真正的自己。

完成後再進行下一步。那就是——

「你在大學時代到底做了什麼？」或者

「你在大學時代最熱衷什麼？」如此自問自答。

「這些都不足為人道……。」

如果你這麼說，那**可得好好反省**了。為什麼呢？因為連這種問題都回答不出來的人，絕對不可能通過面試關卡。

「大學時代的我有如一具活屍體！」

如果你能如此斷言便罷，否則大學時代應該沒有人什麼都沒做吧！

不管怎麼樣，反正先仔細想想看，一定有可以告訴他人的「什麼事」。讀書也好、社團活動也好、暑期旅遊經驗也好、打工、戀愛經驗都可以，只要是和你有關的事就沒問題。

了解自己在大學時代最熱衷或最有價值的事情後，接著問自己：

「自己從當中學到了什麼？」

「究竟得到什麼？」

答案必須盡可能具體，而非抽象

論。例如，最投入的是「義工工作」，假設你這麼說。

「透過為殘障朋友舉辦活動，讓我體會到人與人之間心靈交流的可貴，並且使我了解人生的真諦，這是在書本上絕對學不到的知識，也是任何事情均無法替代的寶貴體驗。」

這種**看似溫馨的回答並不可取**，你只是在向沒參加過這種活動的人敍述心靈感受而已，內容欠缺具體性，太抽象了。

例如，從你的話中根本看不到「殘障的義工活動」到底是做什麼事？「心靈交流的可貴」與「人生的真諦」，根本只是抽象的描述。在你說出「學習到心靈交流的可貴」之前，如果你不能描述「何時、何處、何人、做什麼」的話，就毫無具體意義。

從自己的體驗中找出具體實例，儘量讓聽者腦海中能浮現你所說的情景。也許這真是**艱難的作業**，但不這麼做就無法將真正的自己傳達給對方。

應該還有時間，加油！努力想想吧！

自我掌握長處與短處

你能向別人說明自己的性格、長處、短處嗎？在被問道：「你的長處是什麼？」時，幾乎所有的人都會這麼回答：

「開朗活潑。」

「做事積極。」

「具有協調性。」

「責任感強。」

「不服輸。」

「體貼、細心。」

至於「缺點」呢？

「沒耐性。」

「任性。」

「優柔寡斷。」

「柔弱。」

「舉止輕率。」

「懶惰。」

如果面對單純的「長處？」、「短處？」問題，你可以這麼回答。但如果問這句話的人是應徵公司的面試人員時，情況就不同了。

「你的長處是什麼？」

「我的長處是具協調性。」

你想對方會因為你是個具有協調性的人而錄取你嗎？很可惜，這只不過是一句**空話而已**，無法改變面前這位面試人員：

「現在的**大學生很空洞**，傷腦筋！」的想法。

「協調性」這句話**一點具體性也沒有**，如果你真的想以最大長處協調性取勝，就應該將內容說得具體些。

現在不是認真思考內容的良機，此處只是告訴你，**無意義的話不應該掛在嘴邊**。同樣不具體而應該捨棄的詞句還有：

「積極性。」

「主體性。」

「意志力強。」

「誠實。」

「責任心重。」

「率直、純樸。」

「謙虛。」

「認真。」

「富理性。」

這些都是抽象用語，不管你怎麼說明，都無法向對方傳達什麼。

你們可以自己告訴自己：

「我比A責任感強。」

把握住自己的性格，對自己充滿自信很重要，但這**不應該是脫口而出的詞句**。

而且這些詞句應該是面試人員對你們評比所使用的，是否具有協調性？是否具有主體性？是否謙虛？並不屬於自己該說的話。

「在面試時絕對不要說這些話。」

請各位切記！

那麼，該如何介紹自己的長處呢？

請使用表示自己「能力」的言詞。

行動力、實行力、創造力、企劃力、決斷力、交涉力、忍耐力、體力、包容力、統率力、持續力……等等，想想看，應該還有很多。只不過這些語詞不是單獨使用，例如「我的長處是具有忍耐力」。假設你想表現出你的最大長處是忍耐力，則請你想出需要最大忍耐力的情況，並且**具體地告訴面試員**。

例如，大學二年級時，和朋友一起向馬拉松挑戰，結果朋友們一個個地中途退出，只有你獨自完成七小時行程的艱苦體驗。

最巧妙的方法是不提到「忍耐力」一詞，卻傳達出你的長處就是忍耐力。如果你認為這樣還不夠，可以在最後加上這麼一句話：

「……所以我對自己的耐力很有信心。」

表達自己長處的最佳方法，是說明自己的能力，但問題就出在這裡，不論忍耐力、行動力或決斷力，都一定得找出具體事實證明，這是誰也幫不了你的，只能靠你自己回首大學生活，仔細想想看！

未來的夢是什麼？

是不是還記得，小時候希望長大後成為什麼？醫生？大老闆？棒球選手？太空人？

小時候透過電視、雜誌、漫畫等狹窄的世界，編織未來的夢想，如果你現在正往孩提時代的夢想前進，那就不必閱讀本章節了。

但想必各位老早就將孩提時代的夢想捨棄了吧！

現在問你一句話：

「你未來的夢是什麼？」

「未來想做什麼？」

也許你覺得這個主題太模糊，難以回答，那麼，試試另一種問法：

「進入公司後，你想做什麼？」

問題改變了，也許還是一樣很難回答。

我想一定不會有人回答：

「想進公司上班。」或

「想進公司嚐嚐戀愛經驗。」

不管怎麼說，你們大概**猶疑著不知該如何回答**。

這是因為你們不了解公司在做什麼，或公司員工的工作性質之故。關於這一點，即使你累積再多的「思考訓練」，還是解決不了問題，也許你們根本**沒有掌握住問題重心**。

「進公司後想做什麼？」

面對這個問題，大學剛畢業的學生，一定無法回答出具體、現實的工作內容，即使你答得出來，內容也必定缺乏說服力。

因此，必須從側面來回答此問題。

其實，問題的重心就在於「你未來的夢是什麼？」、「你今後想往哪一方向前進？」

「什麼？剛剛不是說過這個問題很難回答嗎？怎麼又繞到這方面！」

別生氣！現在你們唯一的方法就是**思考這個問題**，而且這是**最佳方法**。

的確，要找出精美的答案並不容易，但想想自己的前景，總比思考陌生的公司工作內容，來得具體而且有意義。

你到底想做什麼？

如果你想「環遊世界」，那你一定得思考為什麼？如果你想「像令人尊敬的A先生一樣」，仍然必須自問為什麼？如果你想「做大事」，就必須思考是哪一種大事？目的是什麼？……為什麼想做這種大事？等等，一定要有具體的敍述。

最後，思考你的夢想、前景是否與企業一致？徹底想想進入企業是否能為你帶來利益？如此一來，你的夢就不只是單純的「夢想」而已，而是能夠**說出來的具體內容，具有實際前瞻性**。

來吧！現在就進行這項作業，大家一起加油吧！

探索得意領域、專門領域！

理工科學生之外，能夠自信地說出：

「我的專長是這個！」的人恐怕不多。

政治學、經濟學、法律、管理學、社會學、文學……等大學時代專攻不少，但都是膚淺的學問而已。

「這對現實社會沒什麼助益！」

這也許是事實，但即使是理工科系，也不見得立刻能加入企業的研究開發中。現在不論對現實社會有沒有助益，在你接受面試之前，一定得找出能夠明白告訴他人的「得意領域」與「專門領域」。

「你的得意領域、專門領域是什麼？」

這個問題就是問你：

「你**最自豪的專長是什麼？**」

或者

「你大學時代的**專攻領域是什麼**？」

從你的回答就可以判定你這個人。最重要的，你必須說出我凌駕於他人之上的「專長」為何？告訴對方，「我就是這樣一個人」。

那麼，你具有什麼條件呢？

此處必須注意一點，這個「專長」是否有時間上的持續性？是否普遍流通？是否具體？

「我在這方面絕不輸人。」

「我的耐力絕不輸人。」

這是你的長處，而非你的專長。

但如果你在大學時代持續進行「褒獎人的方法」或「測試耐力」之調查與

研究，並且寫出相關論文或報告，則另當別論。

不過這種學生大概少之又少。以下舉幾個比較簡單的例子。

「我從小時候就喜歡集郵，現在已經擁有上萬張郵票，關於郵票的知識，我絕不輸人。」

「我經歷過一百種打工種類。」

「大學時代每個月看十場戲，總共看了約四百場戲。」

「我能說出所有品牌電腦的優缺點，也精通電腦軟體。」

「每年至海外遊學，至今已走過二十多個國家。」

「一千公尺以上的山幾乎都攀登過，還有五次大難不死的經歷。」

「吃遍各地名產，自信是個美食評論者。」

如上所述，雖然不見得對企業有助益，但很明白告訴對方，「**我就是這種人**」。

你一定得重新檢視自己，想想自己最得意的領域、專長，也就是進行**自我發現作業**，現在就動腦吧！相信你一定可以找出「什麼」來。

聽聽朋友、戀人的意見

本章是敍述了解自己的重要與了解自己的方法，看起來似乎自己才是最了解自己的人，事實上，**自己不了解自己之處還多得很**呢！

到底自己在他人眼中看起來如何？有什麼長處？有什麼短處？比他人優秀的能力是什麼？將來的夢想是什麼？最得意的分野是什麼？最美的回憶是什麼？最閃亮的瞬間是什麼？自己究竟是怎麼樣的一個人？……

關於以上種種，不但平常沒有特別意識，也許連想都想不出來。為了在「就業考試」中達到目標，你必須趕緊思考一番。老實說，在漫長的人生當中，這種讓你思考的機會並不多，所以請把握這個了解自己的大好時機，努力衝刺。

前節已提到過，聽聽他人的意見及評價，是了解自己的一個好方法，**聽聽他人客觀的意見**，可以加深自己對自己的了解。

既然如此，這是不可省略的一道手續，立刻問問你的親友、戀人吧！但必須注意你的問題一定要能引出具體的答案。

「你覺得我是怎麼樣的一個人？」

像這種摸不著邊的問題，對方難以回答。

你應該找出彼此共通的回憶，或在一起經歷的時光，例如這麼問：

「你覺得那時候，我在哪一方面做的最好？」

「另外，在哪一方面做得最不好？」

「不論決斷力或實行力均可，你認為我在什麼時候最能發揮能力？」

「你認為我適合哪一種工作？」

「你認為我不適合哪一種工作？」

「在性格方面，有什麼地方應該改正？」

「你認為我什麼時候表現得最有幹勁？」

「和我在一起時，什麼時候最快樂？」

透過這些問題，你可以了解到自己的優缺點，以及適合或不適合的工作。只不過當對方指出缺點時，應虛心接受，不可生氣。

聽過親友、戀人的意見之後，可能的話也聽聽前輩、長輩的意見，以擴大對自己的了解。

第四章

不可以這麼說話

學習江川卓的失敗經驗

所謂面試，基本上就是兩個人第一次見面，也就是「相親」。真正的男女相親是先看對方的履歷、照片，然後再看「真正的人」。當然，如果在經歷、儀態方面已經不喜歡，則相親就無法成立。而一旦決定見面之後，就看雙方是不是能留下好印象，是不是能有第二次約會，最後踏上紅地毯。

就業考試並不像相親那麼費時，但基本過程相同，只不過「同意」的決定權不在學生，而在於企業，這是最大不同點。

既然面試是相親，那麼第一印象就非常重要，如果在見面的瞬間，留下——**「這個人不行！」的印象，則很難再挽回劣勢**。

在一決勝負的面試場所，這就往往是**致命傷**。

一九七八年十一月二十一日，日本發生了一起被稱為「空白的一天」事件。

這是發生於棒球評論家，即巨人隊一流投手江川卓，與自認為是「球界領袖」的讀賣巨人隊之間，蠻橫不講理事件。

事實上，原本江川投手的入團交涉權在西武球隊，但從二十一日零點開始失效，從零點至選拔會議開始的同日上午十一點，這十一個鐘頭是「任何球隊均無交涉權」的「空白時間」。

不料，江川與巨人隊在同日上午九點閃電簽約，引起大衆嘩然之聲。

江川投手於隔年一九七九年一月三十一日，形式上進入在選拔會議中獲得新交涉權的阪神隊，隔天二月一日與巨人隊投手小林繁交換訓練，進入巨人隊。

問題就從這裡開始。

決定進入巨人隊後，江川投手在

記者會上面對記者說道：

「各位！請不要太興奮！冷靜一點！冷靜一點！」

這麼短短一句話，直讓記者們「熱血衝頂」。

實際上，在這之前，大衆傳播的確對這件大事感到興奮，有人臭罵「可惡的江川！」

但也有人同情天才投手江川。

「法政大學畢業、至美國留學棒球，不可能有這個能耐，立這種不正的契約，其中一定有哪個傢伙牽線，所以責任不在傀儡江川而是幕後黑手。」

當然，江川應該為自己自私的行爲受到譴責，但暗地裡搞鬼的球隊，更應該受批判。

但江川投手對記者群的一句猛攻「各位，不要興奮」，完全是英雄式的表現，將自己趕入已經不會有人再同情他的窮途末路中。

那麼，江川錯在哪裡？

答案很簡單。對！**就是傲慢**。江川的態度顯示出超齡的沉著與傲慢。

「天才投手」、「十年難得一見的奇葩」，這種被世人稱讚的實力派投手江川，原來就是這副模樣。在與記者的談話中，江川可謂徹底失敗。

本來的聰明頭腦與巧妙舌辯等才能，在記者會上終究還是難以發揮，只因為江川**無視面試的基本戰略**。

結果，流行的「爛江川」這句話，怎麼揮也揮不掉的烙印，就一直留在他身上。江川在巨人隊發揮投手實力，並展現其幽默一面，是很久以後的事情了。

在面試場合，如果你們讓面試人員感到「態度傲慢」，則即使你實力再好，也很難扭轉逆勢。

傲慢之罪就是這麼重。

山瀨型的人請注意

前項敍述過傲慢的負面作用，但也許有人認為「江川投手只不過是特例」，好！現在再舉其他例子，請各位再想想看。

有一位藝人山瀨，他不專精於歌藝，卻在作怪上下功夫，因此有「千面女王」之稱。

不知道你們對她的印象如何？

「好像鼻子不通似的，聲音好難聽！」

也許有人這麼說。

但相反地，也有人認為山瀨真傲慢，而且對此傲慢抱持好感態度的人還不少呢！和與她相同路線的森口博子或井森美幸比較，也許各位比較清楚，大概很少人認為這二位女藝人

「真傲慢！好討厭！」

那麼，為什麼電視上的山瀨看起來很傲慢？為什麼只有她的傲慢令你嗤之以鼻？

那是因為一般大眾沒有注意到她的「實力」，只看到她的言行「奇特」。至少我們一般大眾不了解山瀨這種表現的理由。

總而言之，她就是一副傲慢的模樣。

「自信的根據是什麼呢？」

實際上，版畫家南西關在自著中提到與山瀨的接觸，他如此描述。

「我並不認為山瀨有那麼偉大。」

真是至言，難道不是嗎？

任何人都不認為別人有什麼偉大之處，不管對方實力如何，傲慢的態度總令人討厭。

不要將山瀨事件當成笑話一則。

也許你就是這樣，在面試人員面前，不論你有多麼風光的經歷與實力，你也只是多數應徵者之一而已，並沒有什麼特別之處。

「這個學生實力很好的樣子。」

面試人員不會以此為前提，一開始就對你懷有特別好感。

或許也沒有面試人員會對學生的傲慢抱持「與我心有戚戚焉」的態度。

「他和我年輕時真像。」

「這是可以賦予任務的人才。」

儘管有此可能性，但你最好不要懷有期待之心，因為將傲慢視為長處者，百人中也沒有一人。

傲慢的態度會讓人覺得你「不夠虛心」、「不像大學生」。希望各位了解，**充滿自信的態度和傲慢乃似是而非的二面。**

學習電視新聞播報人員

每天各電視台都有不少新聞節目，從節目中不僅可以了解國內外各種最新訊息，也可以學習新聞從業人員的說話態度與方法。

「你的話是否具有說服力，**與你的說話方法有密切關係**。」

當然，說話內容最重要，但即使說話內容再好，如果缺乏好的說話方法，就只有事倍功半的效果了。

聽聽看新聞採訪人員，如何能在最短時間內傳達自己的意思，並且誘導對方發言，他們的立場和你們面試的立場完全一樣。

「說話之前先整理過再發言。」

如此才能將心中的思緒有條不紊地表達出來，**讓對方一聽就懂**。另外，姿勢端正、禮儀合宜、言詞客氣、態度自然，這種條件的學生讓人由衷產生好感，而且在這種場合之中，發言內容是否精彩？是否敏銳？都已經不成問題了，因為好印象已經超越了這些觀點。

　　看節目時，往往由於太過注意內容，而忽略了說話的方法，其實他人說話的方法正是我們的範本，也是我們的老師，更是眼前的一面鏡子，從中必可學習到什麼，希望大家努力學習！

面試官不是你的朋友

走進辦公室，假設一位年輕主管坐在椅子上，笑著對你說：

「你好！你好！大學剛畢業很辛苦吧！到處應徵面試應該習慣了吧！不要緊張，今天隨便聊聊就好，我們公司面試都採聊天方式。」

聽了這段話，你怎麼想？

「他真親切，鬆了一口氣！」

是不是安心了？

就在你放鬆之際，面試官問第一個問題。

「為什麼你想進入本公司？」

他依然笑臉迎人，讓你感覺不出壓力，於是你安心地回答：

「我認為貴公司深具未來發展性，我希望能在大企業試試自己的實力。」

就在你這麼回答的瞬間，你已經落榜了，因為你真的照他所說的隨便聊聊。

「今天隨便聊聊！」

當面試官這麼說的時候，你絕不能掉以輕心，因為他們正是要讓你安心，看看你的反應。

對於面試官「聊聊」的話，你們可以回應笑容表示：

「請多多指教。」

但不論他問你什麼問題，你一定得禮儀端正、客客氣氣地回答，即使面試官真的希望你「隨便聊」，你還是不能「隨便聊」。

為什麼呢？因為面試官不是你的朋友。

人本來就有上下、親疏之分，大學生平常在學校和同學說話說習慣了，往往在進入社會、面對上司時，也用和同學說話的語氣。

但和上司說話「不能隨便」，這是基本的禮貌及常識。

「再親密的朋友也要有禮儀」，不可以就是不可以，不要為了想拉近關係而和對方隨便，只會讓他人瞧不起你而已。

現在，請你再大聲說一次，「**面試官不是我的朋友。**」

禮節合宜

面試官透過各種問題來了解你這個人，而且必須在短時間內觀察你的優缺點。因此，你的說話方法最低限度必須有禮，**傲慢與太過親密的說話方法令人討厭**，禮節合宜才能留給對方好印象，過與不及均不及格。

稱呼對方公司時，不要忘記說「貴公司」，這樣表示你對公司的尊重。但禮節應該得體，若是過度客氣，反而讓人感覺不自然。

面試所要求的禮儀是極自然、平常的禮儀，而不是過度拘謹。

看著面試官的眼睛說話

說話方法有最低限度禮儀，說話態度也有最低限度的禮貌。首先，背伸直坐在椅子上，不要太過拘謹，不要讓對方感覺你坐得很不舒服的樣子，雙腳併攏、雙手輕擺在膝蓋上，尤其是男孩子，注意雙腳不要太開，女孩子注意不要翹腳或斜放，因為「你不是模特兒」。

以上是最基本的姿勢，其最重要的是——**「看著面試官的眼睛說話。」**

說來容易，但實際上好像蠻難的。回首過去的自己，能斷言——「說話時，我總是看著對方眼睛。」的有幾人。

對於戀人也許容易些，但對一般人甚至親密的朋友，似乎都不容易做到。

「看著對方的眼睛」，能夠探測對方的表情，並掌握言詞之外的真意，換言之，就是**訊息傳達的基本**。沒辦法做到這一點，就表示放棄觀察對方，或不讓對方觀察自己。如果真的沒辦法看著對方的眼睛，則看著對方的眉間或額頭亦可。

還有一點，如果面試官有數位，則基本上看著發問者回答問題，沒必要看著每一位面試官回話。你不是學校的老師，也不是演講人，只要禮儀端正、態度誠懇地答話即可，具備這種常識的學生才是企業希望的人才。

說話速度太快、聲音太低都不好！

由於面試時間很短，所以嗶哩叭啦地敍述自己想說的話並不妥當。雖然你心裡想說的話都表達出來了，但卻獲得面試官「為所欲為」、「沒有餘裕」、「不夠穩重」的負面評價。

說話速度太快的最大缺點，是讓人無法掌握你敍述的內容，雖然你說了一大串，可是卻**和什麼都沒說一樣**。

這時不如放慢拍子，有條不紊地敍述，不但能使對方清楚你的內容，還可讓你看起來穩重些。而且當你自覺說話速度慢時，實際上並沒那麼慢。

除了節拍之外，另一個問題是聲調。面試時的聲調最好比平常說話的聲調高一些，但平常說話聲調就高的人，則維持原狀即可。男孩子必須特別注意不要用太低的聲調說話。

男孩子的低聲調往往讓人聽不清楚你在說什麼，而且聲音容易變小。

「聲調低不是感覺比較穩重嗎？」

也許有人這麼認為。

但如果不是平常即進行喉嚨發聲練習，低聲調是無法博取好感的。「**低音的魅力」這句話在面試場合並不適用**。

反之，因緊張而提高聲調的場合又如何呢？當然這也要視程度而定，但稍微提高一點不必太過在意，其實這時你的感覺比你想像中好多了。

只要是人，都會在重要場合出現緊張的心情，而減低緊張程度的好方法之一是腹式深呼吸、胸腔深呼吸，另外還有一個更佳方法。

那就是多收集面試公司的相關資料，並多吸收第一志願公司以外公司的面試經驗。最後必須注意的就是心情了。

「**想像面試官就是自己的父親**。」

如果你的父親是公司員工，應該和面試官差不多年齡，即使在外面看起來多麼威嚴，但回到家中也是一位極普通的父親，喝茶、看報、泡澡，這麼想就沒什麼好怕的了。

什麼！我父親比任何人都恐怖吧！你要這麼說，我也沒輒。

第五章

面試的深義

面試究竟是什麼？

面試到底是什麼？

該如何掌握面試，才能達到成功呢？

「面試是企業與學生的相親。」

「面試是面試人員與學生一對一決勝負。」

「面試是學生暴露整體人格的場合。」

「面試是學生之間大會戰。」

「面試是學生推銷自己最大、唯一的場所。」

各種想法都有，但這些回答均集中在一點上，那就是「如何有效地傳達自己。」

總而言之，面試就是讓你推銷自己的「**最佳場所**」。

就像廣告公司接下企業的廣告案之後，便日夜傷腦筋該如何讓商品有效地呈現在消費者眼前。製成廣告案之後，首先對企業提出，然後才以決定版出現在電視、雜誌、報紙上，送到消費者眼前。

廣告世界最大的難關是對企業提出企劃案，而且新商品或廣告規模大的商品，還有多數廣告代理商競爭的型態。當然，其他競爭公司提出什麼企劃案，誰也不知道，因此，廣告代理商必須在企業面前充份說明自己企劃案的優點，而且盡可能地讓對方認為自己的企劃案最好。**在這裡失敗就算「輸」**。

這和面試原理不是一樣嗎？

在面試的時候，你必須透過你自己，唯一的自己，將本身最值得展示的一面表現出來，而且只此一次機會，非得好好計劃不可。

面試是平均偏差值的勝負

既然你必須經過面試而被評價為「好學生」、「壞學生」、「可以錄取的學生」、「不可任用的學生」，則就必須計算「偏差值」。

面試人員在見到你之前，對你的評價為白紙狀態，亦即偏差值為五十，但當你進入辦公室的瞬間，偏差值開始起微妙變化。

第一印象好，則也許偏差值上升至五十五左右。反之，若第一印象不好，則或許最壞場合偏差值低至三十這種無法挽回的地步。但見面瞬間的惡劣印象，通常是吊兒郎當的形象造成的。

你們也許認為「不可能因第一印象決定合格與否」，但也不盡然。第二章敍述過，「優秀臉」的學生，亦即**具有知性光輝的學生**，在就座完畢四眼交會的瞬間，一定深深扣住面試官的心。

就和劍道精通者一樣，只要用劍尖輕輕碰觸對方，即可了解對方的實力。程度高的人，被劍碰觸一定不會使力，因此感覺柔軟；而程度差的人，肩部用力使劍尖感到堅硬。相同道理，在面試的瞬間，你的大致程度也顯露無遺。

隨著問題的進展，你的發言內容與方法，會使偏差值大幅變化。能得到安定正面評價當然是最好的，表情、服裝、禮節、姿勢、言詞、說話方法、性格、積極性或主體性、經驗、能力……等一切項目，都是影響偏差值的條件。

就像大學聯考，與其只有一科偏差值高到八十，還不如**所有科目偏差值平均為六十五的學生來得有希望**。

而偏差值高到什麼程度，就完全看你如何企劃面試一案了。

企業正等著這種學生

任何企業都希望擁有「好人材」，但**好人材的具體內容是什麼？**企業真正想要的是怎麼樣的人？

「具有行動力、多樣化的學生。」

「做事積極，有領導才能的學生。」

「重視人際關係、協調性的學生。」

這些是企業負責人常掛在嘴邊的「理想學生像」。想想看，這些條件並沒有什麼特別，如果你們是企業負責人，也一定會列出這些條件。

問題是，面試官如何發現某人「富行動力、處事積極」呢？或者面試官如何感覺到這個人「具有創造性、向上心強」呢？

如果不了解這一層面，則負責人的話就像一幅「**抽象畫**」，對你們一點幫助也沒有。

「但這種事因人而異，根本沒個準。」

如果你這麼想，勸你還是儘早上床睡覺吧！連想都不想就放棄的學生，是**企業的拒絕往來戶**。

請思考第二章敍述過的重點。

對！動腦筋思考最重要，只要你肯動腦，就一定會有答案。

「具有行動力、多樣化的學生，是怎麼樣的學生？如何才能將此傳達給面試人員？」

你們只要想這一點就夠了。如果你是「處事積極、具領導才能的學生」，請問你如何傳達給對方知道？如果你認為「自己人際關係好、具有協調性」，又該如何傳達這項訊息呢？

說到這裡，你應該知道如何回答了吧！

沒錯！照第三章敍述的去做就沒錯。

首先了解自己、回顧自己的過去、具體說出自己的體驗。這就是找出真正的自己，這種人才是**企業理想中的對象**。

「可是，具體說出自己的體驗，便能讓面試官感到我是『理想學生』嗎？」

也許有人因「自己的體驗沒什麼大不了的」，而感到不安與懷疑。

這種心態不可取。「沒什麼好說的體驗」代表「沒什麼好說的自己」，既然如此，又和什麼都不思考有什麼不同呢？

好像又回到第二章、第三章去了。

現在回到主題。

各企業最想錄取的學生，是**具社會性、工作性的學生**。開頭所敘述的「行動力」、「多樣化」、「積極性」、「領導力」、「協調性」、「創造性」、「向上心」等理想學生像，均集中於工作性、社會性一點。

在重視團體、工作第一的六〇年代、七〇年代，人們總是孜孜不倦地工作，這些人造就了高度經濟發展，而隨著今日經濟低迷的現況，企業最期待的就是能投入工作的社會人。

是不是能有效地推銷你自己，就完全看你的勇氣與努力了。

你有自信和熱忱嗎？

在面試時，為了強烈推銷自己，說話的內容當然很重要，但另外還有更讓面試人員心動的。

那就是你們的**自信與熱忱**。

氣魄，也可說成魄力，是年輕學生最容易打動人心的條件，若缺乏此條件，不論你嘴裡說得多麼迷人，還是無法讓面試官由衷讚嘆：

「這個學生真不錯！」

反之，假使你讓面試官感受到你的自信和熱忱，則不論面試時造成什麼失誤，多少都還有點挽回的餘地，至少你能成為候補者。

而真正的「自信」和「熱忱」是什麼呢？

「自信」就是對自己整個人格、整個人生所抱持的絕對信賴感。

請你依本書所敍述的重點，回顧自己過去的經驗，用頭腦進行徹底思考。

如果能確實實行，那你心中一定能夠很清楚地印上「自信」二字。

不是傲慢、不是桀傲不馴，而是**堅固內涵產生的自信**，從人生經驗與深思中產生無法動搖的自信。

對自己那份絕對的信賴感，正是你們面試時的最佳武器。

「看看我，我就是這麼優秀！」

即使不這麼說，也能讓人感受到你的自信。

另一項你們必須傳達的是「熱忱」。

「熱忱」就是心中對於工作的熱情，亦即「志願動機」。

但這裡指的是言詞所無法傳達，存在心中的那股工作熱忱。

「因為待遇高而進公司。」

有熱誠的男孩子
有自信的男孩子
有氣魄的男孩子
接下來、接下來——
哇！充滿朝氣

「因為公司名氣大而進公司。」

這種程度的志願動機，絕對無法傳達熱忱之意。只有自己徹底思考「為什麼想進入？進入後想做什麼？」的學生，才能**傳達這份熱忱之意**，而且這股熱忱之心，能動搖面試官的心靈。

這麼說起來，即使嘴巴笨拙一點，聲音高亢一點，都不成問題。

「這位同學真的這麼想進本公司！」

「第一次見到這麼想進本公司的學生。」

當面試官這麼想的時候，你就多一分希望。

也許這種感覺就像你真心誠意向異性訴衷曲一樣，即使對方本來不是那麼喜歡你，也一定會被你的真誠所感動，而以誠意相對。

然而，**毫無根據的熱忱及自信，就一點用處也沒有了**。沒有根據的熱忱與自信，並非真正的熱忱與自信，只是單純的「想」而已。

一時激烈的想怎麼樣，就像一陣煙一樣，散去後什麼也沒有。

想想看，你真的有熱忱與自信嗎？

不要說缺乏具體性的話

有一天看到一個電視節目，二位主持人之一（我們稱之為A）向另一位主持人（B）說：

「上個月，我到中國大陸北京走了一趟，那是我第一次到北京，感覺非常好。」

說到這裡，話就斷掉了，B主持人點點頭靜待A主持人繼續下文，觀衆也等著他敍述什麼感覺非常好的事情，但大約停了三秒鐘，A並沒有繼續說話的舉動，真是**好長的空白三秒鐘**。

結果B意識到A不再繼續敍述，才若無其事地接下去主持節目。

這段小插曲的意義很深。各位想想看，A的說話方式是不是和你們在面試時的表現很像？

「大學時代什麼事最令你感動？」

對於面試官的這個問題，你回答：

「我初次到斯里蘭卡旅遊，那裡讓我感覺非常好，感動得難以言喻。」

你想面試官會怎麼想?他可不是主持人B啊!

「斯里蘭卡的什麼地方讓你感動?」

這才是他所期待你回答的內容。之前的回答只會讓他覺得你言不及意，如果你就此打住，他也只好繼續問你另一個問題了。

這種回答方式的缺點在哪裡?我想大家已經知道了，那就是缺乏具體性，毫無內容可言。

「感覺很好、很感動」，究竟什麼事?如何讓你感動?你根本沒提到。就這樣，你失去了透過感動體驗之表達，傳達你思考的大好機會。

這樣如何做出最佳企劃？

同樣地，**理想論、抽象論也應避免**。

「貴公司具未來性，所以我很想加入。」

到底是什麼未來性？判斷理由何在？

「想從事商品開發的工作。」

是什麼商品？為什麼這麼想？你認為商品開發的工作是什麼樣的工作？

「我希望透過工作，積極從事與環境問題相關的事情。」

什麼工作？如何與環境問題結合？你為什麼會這麼想？

以上例子都只是在言詞上裝飾得「很漂亮」而已，面試官根本不想聽學生說這麼表面的話。如果你想說漂亮的話，請你拿出根據、敍述理由，如果無法具體說明，就一點意義也沒有。

這才是巧妙的企劃。

說最重要的部分！

每一個人的面試時間均極短暫，但既然大家都同在一定基礎上戰鬥就沒什麼好慨嘆的。

最重要的就是如何在短時間內，有說服力地述說自己的主張及志願動機。

而以此巧拙來決定合格與否，老實說還蠻簡單的。

然而在「短時間」內，這個也想說、那個也想說，**結果反而說不到重點**。

「大學時代我專攻現代經濟，擔任網球總幹事，我很喜歡看電影，也很喜歡旅遊，去年夏天就去了一趟歐洲。另外，我有柔道二段證書，對體力很有自信，由於個性不服輸，所以凡事總是堅持到最後。」

這是一段自我介紹的話，但**聽起來卻漠漠然**，因為只不過是一條條的陳述罷了。

「這個學生到底是怎麼樣一個人？」

完全看不出來。

因為說話沒說到重心。整段話沒有特別濃的部分。

在短期間內有效說話的訣竅，不是什麼都說，而是**只說重點**。而「重點」就是你們經驗中最具有具體說服力的話，最容易顯示自我主張的話。

從前述「現代經濟」、「網球」、「電影」、「歐洲旅行」、「柔道」、「體力」、「競爭」等項目中，選擇自己最值得示人的部分，盡可能以實際插曲證實自己的能力。

其中，一般人均可體驗得到的項目最好刪除。

該如何挑選？就得先了解自己，仔細思考自己的經驗，找出最有趣的話題，經過深思熟慮與企劃之後，相信你的話題也能吸引面試人員。

假設一個企劃有數百位學生前來應徵，本來應徵有數百種回答。

但實際上，答案大概只有數十種，因為「很多人答案都相同」，這時候，與衆不同者就能在面試一關獲勝，怎可放棄這麼好的機會呢？

只因為你不思考、只因為你不努力。

即使相同經驗，也可與衆不同，你可以從與他人不同的觀點論事，強調自我主張。企業正在等待這種學生。

用自己的話簡潔敍述

面試是為了「使自己這樣商品看起來更好」而企劃的廣告時間。既然如此，當然就必須在說話方式與言詞選擇上多費些心思。

但也不必用到平常難以理解的用語，或是異常客氣的話，**不自然的言詞**聽起來心裡必定不會舒服，這是最壞的廣告企劃。

「希望各位學生儘量用自己的話。」

面試官希望的是看到學生最真的一面。

「即使是取材自他處的話，也一定要用自己的方式說出來。」

非知性卻偏要表現出知性，只是**暴露缺點**而已。

不懂禮儀卻偏要表現出禮儀端正的樣子，必定有**某處生澀不圓滑**。

明明不高級，卻偏要強調高級的感覺，只會**讓人覺得很勉強**。

所謂「用自己的話」，並不是要你像平常和朋友說話一樣，這樣反而很失禮。

官員上台致詞、演講的話為什麼讓聽眾感到很無聊？因為他們不是真正說自己的話，而是照著秘書準備的講稿唸。

這樣大家應該了解什麼叫「自己的話」了吧！就是經過自己深思熟慮後說出來的話，而不是東摘西取組合成的精美內容。

每位同學都不需要在自己的言詞外面再穿上一件冑甲。

如果你在螢幕前指責松田聖子：「又不是真的悲傷，還能哭得那麼逼真。」

那你就**絕對不能在面試的舞台上扮演「不是自己的自己」**。

但「讓對方看見真實的你」，並非指你應該將所有缺點都讓對方知道，將自己的長處、能力最有效果地呈

現在面試官眼前，就是「最真實的自己」。

每個人都擁有一〇〇%的自己，卻往往只傳達出五〇%而已，所以你無法錄取。或者有人勉強表現出一五〇%，也算不及格。

假使你能一〇〇%傳達自己，卻招致不及格的命運，那就是企業選擇錯誤，否則便是企業所要求的能力與你的能力不符。

能夠「完全說自己話」的人，還必須注意一點。

那就是**文章必須簡潔**。

不懂住口時機，而自認：

「自己很會說話」

「說起話來不輸別人」

「只要有時間，什麽都能聊」

這種自負學生，只是作繭自縛而已。饒舌並非缺點，但在面試的場合就不適合了，即使你說得很精彩，也只會讓人感覺：

「這個人真長舌。」

話說得多並不代表會說話，內容簡潔有力才能搏得掌聲。

不需要才藝表演

不論何處都有特別突出的人，若是有實力、有內容則沒話說，假如**什麼條件也不具備只想引起他人注意**，那就傷腦筋了。

「我可以以才藝表演取勝。」

有人對體力有自信，現場來個伏地挺身，有人奇裝異服，有人熱情獻唱……，各個傾注熱情只為求得面試人員注意。

沒錯，一直重複枯燥無味的面試很無聊，偶爾來點小變化的確可以放鬆心情。

「這學生真有趣！」

你一定會令人留下深刻印象，但最後：

「是很有趣，可是……」

「可是」之後接的當然是**「不採用」**。

「不過聽說某位學長就是在面試時以才藝表演打敗其他對手的……」

相信「才藝神話」的同學，你錯了。

那位學長並不是因為才藝出衆而錄取，而是他具備值得錄取的實力。

面試與才藝考試不同。

景氣好的時候，企業或許會因為「這學生真有趣，多錄取他一個也無妨。」

但在經濟蕭條時刻，各企業都盡量精減人員，那有餘裕考慮到才藝。

當然，並非說才藝表演絕對不好，但應以實力為前提，不能讓才藝反客為主。

真正有實力的學生根本不用才藝，因為**展現實力就是最佳才藝**。

在各位同學尋求表現之前，應該仔細想想，怎麼樣對自己最有利。

第六章

這種問題這樣回答

答案在你心中

「對於面試官的問題，到底怎麼回答最好？」

「該如何準備最佳答案，才能使自己顯得突出？」

你們大學生最想知道的莫過於此。

企業負責人毫不考慮地回答：

「這位學生很優秀，一定要錄用他。」

這種結果最完美。

我了解各位的心情。

還不是都想在面試戰場上求得勝利。

但很可惜，這種**最佳回答在世上並不存在**，否則不是每個人都一樣了嗎？

不過反過來說，卻有「**絕對不可使用的回答方式**」，已經在前面敘述過了。

你們已經了解對於各種問題，如何回答最好、該注意什麼重點。假設你和其他大學生實力相當，那就得看你懂不懂面試戰略了。

對你而言的最佳回答只在你心中。

不論多完美的範本，多突出的天才，都比不上你自己準備的答案。

現在，你該做的就是思考。

盡可能花費時間深思。

這是本書再三重複的重點，也是你取勝的最佳之道。

如果你閱讀過本書第一章至第五章，而且充分理解、確實實行，則本章就不必讀了，因為本章只是確認各種問題的思考方式罷了。

因此，往後的作業只能靠你的頭腦思考，從思考中導出的才是——

「屬於你獨一無二的回答。」

換句話說，

「你才能思考出最能說服面試官的回答。」

不要害怕面試，面試不會把你吃掉。

你應該對你有機會表現自己而喜悅、高興。

因為答案已經在你心中。

請自我分析

這個問題該如何回答？由你決定。

詳情請見第三章。此處簡述面試前應做的工作。

①回首自己的過去（尤其是大學時代），徹底分析「自己是怎麼樣的人」。盡量問問親友、長輩、戀人，自己的優點是什麼？

②掌握自己的長處及短處，只思考長處，並將具體事實、經歷用簡潔的話表達。不過必須注意，敍述長處時不是針對性格，而是表現自己的能力。一定要從實際體驗中說出具體的話。

③如果自認為有「絕不輸他人」、「值得示人」的得意分野或專門分野，請預先彙整出具體小插曲，讓對方有具體概念。

④思考大學時代最投入、最感動的經驗、自己最得意的體驗、從當中學到了什麼？從這些重點表現出自己是個怎麼樣的人。

以上事項必須在面試之前完成，從中挑選出自認為最精華的話題，做為面試時的武器。

自問自答的結果，必能傳達給面試官這樣的訊息：

「我就是這麼優秀的學生。」

「真的是獨一無二的人材。」

話題不要雜，這個也想講、那個也想講，到最後只會讓面試官摸不著頭緒。只挑選一個話題，往下挖掘，盡量用具體的言詞推銷自己才是上策。

只不過在Ａ公司面試中所談論的得意分野，也許不適用於不同業種的Ｂ公司，因此，你必須自己判斷，什麼才是最佳方法。

請自我介紹

這與自問自答意境相同，當面試官要求你自我介紹的時候，你不可以這麼直敍。

「我於一九××年出生於台北市，××大學畢業。家境小康，在學校擔任××社團幹部，興趣是郊遊、登山……」

這些簡歷都已經在履歷表上敍述過了，此時再述只是畫蛇添足。

當對方要求你自我介紹時，你應該進行前項**自我分析所介紹的內容**。

如果同時被要求自我介紹和自我分析怎麼辦？當然，這二者並不完全相同，但可以互補對方之不足。例如，最初關於「能力」自我分析，則接下來便可就「得意分野」方面進行自我介紹。

這是推銷自己的好機會，請好好把握。

志願的理由是什麼？

任何面試一定會出現這個問題，你的志願理由、動機必須有充分說服力，才可能被錄用。

「為什麼想進本公司？」

當面試官問到這個問題時，便是真正戰鬥的開始，**勝負取決於你的回答**。

關於這一點，第二章、第三章已經論述過了，這完全得靠你自己用頭腦思考，找出最佳回答方法。以下則提醒各位回答時的注意重點：

①首先思考自己未來的夢想，找出與企業關連點，以具體事實說出。

②從與營業、銷售、商品開發等希望職種開始考慮，具體說出希望從事的工作。

③對企業進行研究，找出企業最弱的分野，然後在此分野上說明「可以這樣試試看」的具體企劃。但也許你會被質疑「其他企業也可能這麼做」，這時你必須從「其他企業尚未這麼做，所以貴公司可以一試」的理論展開，具體說出企業內容。

④找出企業內容或商品與自己的關係點，以此題材為志願理由。

⑤避免「有將來性」、「安定」、「公司作風自由」等抽象用語，即使非用不可，也請列舉具體事實或理由支持你的看法。

⑥避免奉承阿諛的話，因為讚美的話當成志願理由，力量很薄弱。

任何企業的面試官都期待你經過深思後，獨一無二的答案。請努力思考吧！

進公司後想做什麼？

這個問題的重點是想**聽聽你的志願動機、志願理由**。回答不出進公司後想做什麼的人，就和「沒有志願理由」一樣。

「進公司後想在哪一部門工作？」

「希望職種是什麼？」

「你自認為對公司能有什麼貢獻？」

「說說你的夢想。」

「本公司哪一點吸引你？」

「為什麼想進本公司？」

問題不同，但希望你回答的內容均相同。

「進公司後，我想如何如何！」

這就是你的最佳回答方式。

因此，你必須朝「**如何如何**」著手，內容不可抽象，一定要具體。

「這位學生的理由很堅固。」

「這位學生值得採用。」

這樣才能得到好評。

請問你想做什麼?這問題也只有你答得出來。

而這個問題該怎麼答?首先你必須先了解你是怎麼樣的一個人,是否具有自主性、將來性、可能性、獨創性?這也和自我分析一樣。

因此,請你務必多花點時間思考。

「我自信能在××部門勝任愉快」這種學生明顯與一般學生不同,而讓這種**自我推銷機會溜走者,很難在面試中出頭。**

你在大學時代做了些什麼？

這個問題也是請你

「自我分析。」

但並非隨便你怎麼分析自己，而是「限於大學時代」。

「在大學學了什麼？」

「大學時代印象最深的回憶是什麼？」

「你是怎麼樣的一個學生？」

這些問題的宗旨都一樣。

因此，你必須選出大學時代所發生最輝煌的事，或者你最熱衷、令你永難忘懷的事，藉此將自己作最大限度的分析。

「不讀書、只遊玩。」

這種人也可說出最熱衷什麼遊樂？從中學習到什麼？熱衷社團活動者，可以社團活動為中心；大學生涯中，打工佔重要地位者，可藉打工經驗分析自己；只讀書的人，可透過書本介紹自己的專長。總之，一定要將自己的價值發揮到最大限度。

只不過，如果一百位學生當中，有五十人說相同的話，那就沒什麼特別意義了。

所以，應該盡量避免極普通的經驗，或內容乏味的話題，否則面試官心裡一定會吶喊：

「算了！別說了！」

總而言之，你必須經過深思，**找出只有你才說得出來的話題**，這才是真正自我分析。

是否參加社團活動

前項提過，如果陳述平淡無奇的社團活動，那還不如不說。

特別值得一提的是，參加社團活動熱心投入，而且有傑出表現者，這些同學可以很自豪地說出自己對社團的付出與貢獻，更能敍述從中學習到什麼。

而沒有參加社團的學生，或者參加社團卻不投入者，也可以一語帶過。

「我參加○○社團，但其實我最投入的是……。」

「大學時代，我沒有加入社團，我將大部分時間花在○○方面。」

說來說去，還是得說出你最熱衷的事。

有沒有打工經驗

問題在於「毫無打工經驗的學生」，因為問你有沒有打工經驗，是想藉此判斷這個學生的社會性及協調性。因此，沒有打工經驗的學生，必須明確敍述理由，並說明將時間花在哪一方面。

另外，有多數打工經驗者，應重質不重量，具體說出從工作學習到什麽。只有一般打工經驗的學生，請說明打工的目的及理由，並從比較的觀點出發。「我從事過〇〇和〇〇工作，但都沒有這樣來得投入，因為……。」

結果，這還是和自我分析一樣。

最近對什麼事件最有興趣

這個問題的目的是想測試你對事件的著眼點、對社會的關心程度、興趣範圍，以及對整個事件的分析力、判斷力。

由此看來，當然不可隨便回答。

「最近發生的事，你對什麼最感興趣？」

「關於皇太子結婚的消息。」

「你有什麼看法。」

「非常值得恭喜。」

如果你只回答到這裡，那就不值得恭喜了。

對於皇太子結婚的消息，你必須從其影響所及層面發表自己的觀點，也就是**「捕風捉影式的想法」**。

例如這麼想：

皇太子結婚→結婚風潮→出生率上升→托兒問題浮現→女權主義活躍→勞動女

性增加→婦女地位提高→女性主管大量出現。

依這種思考模式，將最初的「皇太子結婚」與最後的「女性主管大量出現」連結。

「皇太子的結婚大事不是與女性主管大量增加有關係嗎?所以這項消息很有趣……」

當然，你必須依前述一層層地說明理由，這種思考面只要具備現實面即可，至於是否須有理論根據，不必太在意。

對於時事問題、社會問題等大事件，如果照報紙發表別人的看法，就顯不出自己的價值，一定得有**自己獨特的思考**，才能戰勝其他人。當然，思考訓練在這時便發揮功效。

最受感動的書

「最近讀過的書當中，哪一本最令你感動？」

這也是在面試時常碰到的問題。

「並沒有特別令我感動的書。最近無聊書很多……。」

這麼沒程度的話千萬別說。

而你回答的不必是書本內容、大意，如第二章所述，重要的是透過本書發表自己的看法、主張。因此，實際上讀了本書後是不是真的「受到感動」，並不是問題所在，應該從是否能**發揮自己的分析力、判斷力之觀點**，選擇最適合的書。

這個問題的重點不是要你敍述讀後感，而是要你從表達中推銷自己。

選書很重要，只要能令你深思的書即可，但想在面試上取勝，最好儘量避免小說類，尤其古典文學，那會讓面試官感覺你不看新書。

挑選面試前二個月出版的軟硬內容二本書，並練習陳述自己的主張，應該可以獲得好評。

也接受其他公司面試嗎？

應徵時該注意一點。

那就是最好不要說自己同時到別家相同業種，特別是比較大的企業應徵。

假設你在排行業界第三位的C公司說：

「也接受龍頭老大A公司面試。」

那很可能讓對方誤會：

「說我們公司是第一志願，根本胡說！」

即使你真的當這家公司是第一志願，但對方半信半疑的態度對你而言便是損失；反之，如果另外應徵公司排名在後則無妨。不過不管怎麼說，只要對方沒問，就**沒必要回答具體企業名稱**。

面試時，每一位面試官都認為「本公司是你的第一志願」，所以志願理由很重要。

不及格該怎麼辦？

千萬不要因為被問到這個問題就動搖，相反地，這很可能是**歡迎你的標誌**。

「不及格怎麼辦？」

這句話聽起來不怎麼舒服，事實上，這正是確定你是否對公司具有熱誠的詢問。

「我非常願意進公司服務，請務必給我一次機會。」

你一定要傳達熱誠之意。

只要不是非常惡劣的面試官，應該不會在認為：

「這個學生真糟糕！」

的情況下，還問他：

「不及格該怎麼辦？」

因此，你應該將這句話當成「**有希望的證據**」，積極傳達你的熱誠。

你對調職或加班有什麼看法

這個問題在了解你對工作看法的同時，**也測出你對企業的熱忱度**。

「希望儘量不要調工作，加班也是能不要就最好不要。」

也許你心裡這麼想，但如果你這麼回話，大概就沒有下文了。當然，面試官也不會被你的「正直」所感動。

「需要的話，我什麼地方都能去，加班也是理所當然的事。」

這種答案顯示出對企業的工作熱情。

有些面試官會故意追問：

「再偏僻的地方你都肯去嗎？」

「嗯，這個嘛……」

千萬不要這麼結結巴巴的。

對於可能調職的企業，如果你認為：

「反正先進公司再說，至於調職的事，以後再說，而且搞不好可以拒絕啊！」

請你**最好改變這種想法**，因為公司並不是這麼任由你作主的。

如果你絕對不離鄉背井工作，**則在選擇企業時就得多加衡量**了。

「絕對不調職。」

「誰要加班啊！」

這種想法的學生，就只能選擇沒有地方分公司、不用加班的公司。否則等你進公司後，面臨調職命運時，就只有辭職一途了，如果你不想以後後悔、徬徨，最好一開始就不要進這家公司。

婚後工作怎麼辦？

這是只有女性才會面臨的問題。

對於這個問題，最困難之處在於必須先了解企業對於已婚女性的看法。

「結婚必須立刻辭職。」

還是

「進公司這麼多年，結婚後就要辭職，真傷腦筋。」

為了了解公司走向，事前必須進行研究工作，親自走訪公司員工以便確認。

如果你真的想「婚後仍然繼續工作」那就不必煩惱，因為一開始你就可以排除「婚後必須辭職」的企業，而對於「一結婚就辭職，真傷腦筋」的企業，你可大膽地表示：

「我打算婚後仍繼續工作。」

「可是心目中理想企業，規定女性婚後必須辭職的話，該怎麼回答？」

這時也請你堅定地回答：

「婚後仍繼續工作。」

為什麼呢?

「女性婚後必須辭職」完全是對女性的一種差別待遇，你不可以使這種差別正當化。這種想法的企業幾乎都是「公司不對」，不值得原諒。

因此，如果你真的很希望進入這家公司，卻又不願放棄工作機會，則請**事先有不被錄取的覺悟，明白表示出「希望繼續工作」**。

而且你可以反問：

「為什麼女性婚後必須辭職呢?請告訴我公司的理由。」

一旦你進入公司後，便可在女性差別待遇方面努力改變企業。不僅為了妳本身，也為了往後的學生們。

好快!「面談戰略」就此告一段落了。但你們往後還有艱鉅的任務。

祈禱你們戰鬥成功!

大展出版社有限公司	圖書目錄

地址：台北市北投區11204
致遠一路二段12巷1號
郵撥： 0166955～1
電話：(02) 8236031
8236033
傳眞：(02) 8272069

• 法律專欄連載 • 電腦編號 58

台大法學院 法律學系／策劃
法律服務社／編著

①別讓您的權利睡著了[1]	200元
②別讓您的權利睡著了[2]	200元

• 秘傳占卜系列 • 電腦編號 14

①手相術	淺野八郎著	150元
②人相術	淺野八郎著	150元
③西洋占星術	淺野八郎著	150元
④中國神奇占卜	淺野八郎著	150元
⑤夢判斷	淺野八郎著	150元
⑥前世、來世占卜	淺野八郎著	150元
⑦法國式血型學	淺野八郎著	150元
⑧靈感、符咒學	淺野八郎著	150元
⑨紙牌占卜學	淺野八郎著	150元
⑩ＥＳＰ超能力占卜	淺野八郎著	150元
⑪猶太數的秘術	淺野八郎著	150元
⑫新心理測驗	淺野八郎著	160元
⑬塔羅牌預言秘法	淺野八郎著	元

• 趣味心理講座 • 電腦編號 15

①性格測驗１	探索男與女	淺野八郎著	140元
②性格測驗２	透視人心奧秘	淺野八郎著	140元
③性格測驗３	發現陌生的自己	淺野八郎著	140元
④性格測驗４	發現你的真面目	淺野八郎著	140元
⑤性格測驗５	讓你們吃驚	淺野八郎著	140元
⑥性格測驗６	洞穿心理盲點	淺野八郎著	140元
⑦性格測驗７	探索對方心理	淺野八郎著	140元
⑧性格測驗８	由吃認識自己	淺野八郎著	140元

⑨性格測驗9	戀愛知多少	淺野八郎著	160元
⑩性格測驗10	由裝扮瞭解人心	淺野八郎著	140元
⑪性格測驗11	敲開內心玄機	淺野八郎著	140元
⑫性格測驗12	透視你的未來	淺野八郎著	140元
⑬血型與你的一生		淺野八郎著	160元
⑭趣味推理遊戲		淺野八郎著	160元
⑮行爲語言解析		淺野八郎著	160元

・婦 幼 天 地・電腦編號16

①八萬人減肥成果	黃靜香譯	180元
②三分鐘減肥體操	楊鴻儒譯	150元
③窈窕淑女美髮秘訣	柯素娥譯	130元
④使妳更迷人	成　玉譯	130元
⑤女性的更年期	官舒妍編譯	160元
⑥胎內育兒法	李玉瓊編譯	150元
⑦早產兒袋鼠式護理	唐岱蘭譯	200元
⑧初次懷孕與生產	婦幼天地編譯組	180元
⑨初次育兒12個月	婦幼天地編譯組	180元
⑩斷乳食與幼兒食	婦幼天地編譯組	180元
⑪培養幼兒能力與性向	婦幼天地編譯組	180元
⑫培養幼兒創造力的玩具與遊戲	婦幼天地編譯組	180元
⑬幼兒的症狀與疾病	婦幼天地編譯組	180元
⑭腿部苗條健美法	婦幼天地編譯組	180元
⑮女性腰痛別忽視	婦幼天地編譯組	150元
⑯舒展身心體操術	李玉瓊編譯	130元
⑰三分鐘臉部體操	趙薇妮著	160元
⑱生動的笑容表情術	趙薇妮著	160元
⑲心曠神怡減肥法	川津祐介著	130元
⑳內衣使妳更美麗	陳玄茹譯	130元
㉑瑜伽美姿美容	黃靜香編著	150元
㉒高雅女性裝扮學	陳珮玲譯	180元
㉓蠶糞肌膚美顏法	坂梨秀子著	160元
㉔認識妳的身體	李玉瓊譯	160元
㉕產後恢復苗條體態	居理安・芙萊喬著	200元
㉖正確護髮美容法	山崎伊久江著	180元
㉗安琪拉美姿養生學	安琪拉蘭斯博瑞著	180元
㉘女體性醫學剖析	增田豐著	220元
㉙懷孕與生產剖析	岡部綾子著	180元
㉚斷奶後的健康育兒	東城百合子著	220元
㉛引出孩子幹勁的責罵藝術	多湖輝著	170元

㉜培養孩子獨立的藝術	多湖輝著	170元
㉝子宮肌瘤與卵巢囊腫	陳秀琳編著	180元
㉞下半身減肥法	納他夏・史達賓著	180元
㉟女性自然美容法	吳雅菁編著	180元
㊱再也不發胖	池園悅太郎著	170元
㊲生男生女控制術	中垣勝裕著	220元
㊳使妳的肌膚更亮麗	楊　皓編著	170元
㊴臉部輪廓變美	芝崎義夫著	180元
㊵斑點、皺紋自己治療	高須克彌著	180元
㊶面皰自己治療	伊藤雄康著	180元
㊷隨心所欲瘦身冥想法	原久子著	180元
㊸胎兒革命	鈴木丈織著	元

・青 春 天 地・電腦編號 17

①A血型與星座	柯素娥編譯	120元
②B血型與星座	柯素娥編譯	120元
③O血型與星座	柯素娥編譯	120元
④AB血型與星座	柯素娥編譯	120元
⑤青春期性教室	呂貴嵐編譯	130元
⑥事半功倍讀書法	王毅希編譯	150元
⑦難解數學破題	宋釗宜編譯	130元
⑧速算解題技巧	宋釗宜編譯	130元
⑨小論文寫作秘訣	林顯茂編譯	120元
⑪中學生野外遊戲	熊谷康編著	120元
⑫恐怖極短篇	柯素娥編譯	130元
⑬恐怖夜話	小毛驢編譯	130元
⑭恐怖幽默短篇	小毛驢編譯	120元
⑮黑色幽默短篇	小毛驢編譯	120元
⑯靈異怪談	小毛驢編譯	130元
⑰錯覺遊戲	小毛驢編譯	130元
⑱整人遊戲	小毛驢編著	150元
⑲有趣的超常識	柯素娥編譯	130元
⑳哦！原來如此	林慶旺編譯	130元
㉑趣味競賽100種	劉名揚編譯	120元
㉒數學謎題入門	宋釗宜編譯	150元
㉓數學謎題解析	宋釗宜編譯	150元
㉔透視男女心理	林慶旺編譯	120元
㉕少女情懷的自白	李桂蘭編譯	120元
㉖由兄弟姊妹看命運	李玉瓊編譯	130元
㉗趣味的科學魔術	林慶旺編譯	150元

㉘趣味的心理實驗室	李燕玲編譯	150元
㉙愛與性心理測驗	小毛驢編譯	130元
㉚刑案推理解謎	小毛驢編譯	130元
㉛偵探常識推理	小毛驢編譯	130元
㉜偵探常識解謎	小毛驢編譯	130元
㉝偵探推理遊戲	小毛驢編譯	130元
㉞趣味的超魔術	廖玉山編著	150元
㉟趣味的珍奇發明	柯素娥編著	150元
㊱登山用具與技巧	陳瑞菊編著	150元

・健康天地・電腦編號18

①壓力的預防與治療	柯素娥編譯	130元
②超科學氣的魔力	柯素娥編譯	130元
③尿療法治病的神奇	中尾良一著	130元
④鐵證如山的尿療法奇蹟	廖玉山譯	120元
⑤一日斷食健康法	葉慈容編譯	150元
⑥胃部強健法	陳炳崑譯	120元
⑦癌症早期檢查法	廖松濤譯	160元
⑧老人痴呆症防止法	柯素娥編譯	130元
⑨松葉汁健康飲料	陳麗芬編譯	130元
⑩揉肚臍健康法	永井秋夫著	150元
⑪過勞死、猝死的預防	卓秀貞編譯	130元
⑫高血壓治療與飲食	藤山順豐著	150元
⑬老人看護指南	柯素娥編譯	150元
⑭美容外科淺談	楊啟宏著	150元
⑮美容外科新境界	楊啟宏著	150元
⑯鹽是天然的醫生	西英司郎著	140元
⑰年輕十歲不是夢	梁瑞麟譯	200元
⑱茶料理治百病	桑野和民著	180元
⑲綠茶治病寶典	桑野和民著	150元
⑳杜仲茶養顏減肥法	西田博著	150元
㉑蜂膠驚人療效	瀨長良三郎著	150元
㉒蜂膠治百病	瀨長良三郎著	180元
㉓醫藥與生活	鄭炳全著	180元
㉔鈣長生寶典	落合敏著	180元
㉕大蒜長生寶典	木下繁太郎著	160元
㉖居家自我健康檢查	石川恭三著	160元
㉗永恒的健康人生	李秀鈴譯	200元
㉘大豆卵磷脂長生寶典	劉雪卿譯	150元
㉙芳香療法	梁艾琳譯	160元

㉚醋長生寶典	柯素娥譯	180元
㉛從星座透視健康	席拉・吉蒂斯著	180元
㉜愉悅自在保健學	野本二士夫著	160元
㉝裸睡健康法	丸山淳士等著	160元
㉞糖尿病預防與治療	藤田順豐著	180元
㉟維他命長生寶典	菅原明子著	180元
㊱維他命C新效果	鐘文訓編	150元
㊲手、腳病理按摩	堤芳朗著	160元
㊳AIDS瞭解與預防	彼得塔歇爾著	180元
㊴甲殼質殼聚糖健康法	沈永嘉譯	160元
㊵神經痛預防與治療	木下眞男著	160元
㊶室內身體鍛鍊法	陳炳崑編著	160元
㊷吃出健康藥膳	劉大器編著	180元
㊸自我指壓術	蘇燕謀編著	160元
㊹紅蘿蔔汁斷食療法	李玉瓊編著	150元
㊺洗心術健康秘法	竺翠萍編譯	170元
㊻枇杷葉健康療法	柯素娥編譯	180元
㊼抗衰血癒	楊啟宏著	180元
㊽與癌搏鬥記	逸見政孝著	180元
㊾冬蟲夏草長生寶典	高橋義博著	170元
㊿痔瘡・大腸疾病先端療法	宮島伸宜著	180元
51膠布治癒頑固慢性病	加瀨建造著	180元
52芝麻神奇健康法	小林貞作著	170元
53香煙能防止癡呆？	高田明和著	180元
54穀菜食治癌療法	佐藤成志著	180元
55貼藥健康法	松原英多著	180元
56克服癌症調和道呼吸法	帶津良一著	180元
57Ｂ型肝炎預防與治療	野村喜重郎著	180元
58青春永駐養生導引術	早島正雄著	180元
59改變呼吸法創造健康	原久子著	180元
60荷爾蒙平衡養生秘訣	出村博著	180元
61水美肌健康法	井戶勝富著	170元
62認識食物掌握健康	廖梅珠編著	170元
63痛風劇痛消除法	鈴木吉彥著	180元
64酸莖菌驚人療效	上田明彥著	180元
65大豆卵磷脂治現代病	神津健一著	200元
66時辰療法——危險時刻凌晨４時	呂建強等著	180元
67自然治癒力提升法	帶津良一著	180元
68巧妙的氣保健法	藤平墨子著	180元
69治癒Ｃ型肝炎	熊田博光著	180元
70肝臟病預防與治療	劉名揚編著	180元

⑪腰痛平衡療法	荒井政信著	180元
⑫根治多汗症、狐臭	稻葉益巳著	220元
⑬40歲以後的骨質疏鬆症	沈永嘉譯	180元
⑭認識中藥	松下一成著	180元
⑮氣的科學	佐佐木茂美著	180元

•實用女性學講座•電腦編號 19

①解讀女性內心世界	島田一男著	150元
②塑造成熟的女性	島田一男著	150元
③女性整體裝扮學	黃靜香編著	180元
④女性應對禮儀	黃靜香編著	180元
⑤女性婚前必修	小野十傳著	200元
⑥徹底瞭解女人	田口二州著	180元
⑦拆穿女性謊言88招	島田一男著	200元

•校 園 系 列•電腦編號 20

①讀書集中術	多湖輝著	150元
②應考的訣竅	多湖輝著	150元
③輕鬆讀書贏得聯考	多湖輝著	150元
④讀書記憶秘訣	多湖輝著	150元
⑤視力恢復！超速讀術	江錦雲譯	180元
⑥讀書36計	黃柏松編著	180元
⑦驚人的速讀術	鐘文訓編著	170元
⑧學生課業輔導良方	多湖輝著	180元
⑨超速讀超記憶法	廖松濤編著	180元
⑩速算解題技巧	宋釗宜編著	200元

•實用心理學講座•電腦編號 21

①拆穿欺騙伎倆	多湖輝著	140元
②創造好構想	多湖輝著	140元
③面對面心理術	多湖輝著	160元
④偽裝心理術	多湖輝著	140元
⑤透視人性弱點	多湖輝著	140元
⑥自我表現術	多湖輝著	180元
⑦不可思議的人性心理	多湖輝著	150元
⑧催眠術入門	多湖輝著	150元
⑨責罵部屬的藝術	多湖輝著	150元
⑩精神力	多湖輝著	150元

⑪厚黑說服術	多湖輝著	150元
⑫集中力	多湖輝著	150元
⑬構想力	多湖輝著	150元
⑭深層心理術	多湖輝著	160元
⑮深層語言術	多湖輝著	160元
⑯深層說服術	多湖輝著	180元
⑰掌握潛在心理	多湖輝著	160元
⑱洞悉心理陷阱	多湖輝著	180元
⑲解讀金錢心理	多湖輝著	180元
⑳拆穿語言圈套	多湖輝著	180元
㉑語言的內心玄機	多湖輝著	180元

•超現實心理講座•電腦編號 22

①超意識覺醒法	詹蔚芬編譯	130元
②護摩秘法與人生	劉名揚編譯	130元
③秘法！超級仙術入門	陸　明譯	150元
④給地球人的訊息	柯素娥編著	150元
⑤密教的神通力	劉名揚編著	130元
⑥神秘奇妙的世界	平川陽一著	180元
⑦地球文明的超革命	吳秋嬌譯	200元
⑧力量石的秘密	吳秋嬌譯	180元
⑨超能力的靈異世界	馬小莉譯	200元
⑩逃離地球毀滅的命運	吳秋嬌譯	200元
⑪宇宙與地球終結之謎	南山宏著	200元
⑫驚世奇功揭秘	傅起鳳著	200元
⑬啟發身心潛力心象訓練法	栗田昌裕著	180元
⑭仙道術遁甲法	高藤聰一郎著	220元
⑮神通力的秘密	中岡俊哉著	180元
⑯仙人成仙術	高藤聰一郎著	200元
⑰仙道符咒氣功法	高藤聰一郎著	220元
⑱仙道風水術尋龍法	高藤聰一郎著	200元
⑲仙道奇蹟超幻像	高藤聰一郎著	200元
⑳仙道鍊金術房中法	高藤聰一郎著	200元
㉑奇蹟超醫療治癒難病	深野一幸著	220元
㉒揭開月球的神秘力量	超科學研究會	180元
㉓西藏密教奧義	高藤聰一郎著	250元

•養 生 保 健•電腦編號 23

①醫療養生氣功	黃孝寬著	250元

②中國氣功圖譜	余功保著	230元
③少林醫療氣功精粹	井玉蘭著	250元
④龍形實用氣功	吳大才等著	220元
⑤魚戲增視強身氣功	宮　嬰著	220元
⑥嚴新氣功	前新培金著	250元
⑦道家玄牝氣功	張　章著	200元
⑧仙家秘傳袪病功	李遠國著	160元
⑨少林十大健身功	秦慶豐著	180元
⑩中國自控氣功	張明武著	250元
⑪醫療防癌氣功	黃孝寬著	250元
⑫醫療強身氣功	黃孝寬著	250元
⑬醫療點穴氣功	黃孝寬著	250元
⑭中國八卦如意功	趙維漢著	180元
⑮正宗馬禮堂養氣功	馬禮堂著	420元
⑯秘傳道家筋經內丹功	王慶餘著	280元
⑰三元開慧功	辛桂林著	250元
⑱防癌治癌新氣功	郭　林著	180元
⑲禪定與佛家氣功修煉	劉天君著	200元
⑳顛倒之術	梅自強著	360元
㉑簡明氣功辭典	吳家駿編	360元
㉒八卦三合功	張全亮著	230元

・社會人智囊・電腦編號 24

①糾紛談判術	清水增三著	160元
②創造關鍵術	淺野八郎著	150元
③觀人術	淺野八郎著	180元
④應急詭辯術	廖英迪編著	160元
⑤天才家學習術	木原武一著	160元
⑥猫型狗式鑑人術	淺野八郎著	180元
⑦逆轉運掌握術	淺野八郎著	180元
⑧人際圓融術	澀谷昌三著	160元
⑨解讀人心術	淺野八郎著	180元
⑩與上司水乳交融術	秋元隆司著	180元
⑪男女心態定律	小田晉著	180元
⑫幽默說話術	林振輝編著	200元
⑬人能信賴幾分	淺野八郎著	180元
⑭我一定能成功	李玉瓊譯	180元
⑮獻給青年的嘉言	陳蒼杰譯	180元
⑯知人、知面、知其心	林振輝編著	180元
⑰塑造堅強的個性	坂上肇著	180元

⑱爲自己而活	佐藤綾子著	180元
⑲未來十年與愉快生活有約	船井幸雄著	180元
⑳超級銷售話術	杜秀卿譯	180元
㉑感性培育術	黃靜香編著	180元
㉒公司新鮮人的禮儀規範	蔡媛惠譯	180元
㉓傑出職員鍛鍊術	佐佐木正著	180元
㉔面談獲勝戰略	李芳黛譯	180元
㉕金玉良言撼人心	森純大著	180元
㉖男女幽默趣典	劉華亭編著	180元
㉗機智說話術	劉華亭編著	180元
㉘心理諮商室	柯素娥譯	180元
㉙如何在公司頭角崢嶸	佐佐木正著	180元
㉚機智應對術	李玉瓊編著	200元

・精選系列・電腦編號 25

①毛澤東與鄧小平	渡邊利夫等著	280元
②中國大崩裂	江戶介雄著	180元
③台灣・亞洲奇蹟	上村幸治著	220元
④7-ELEVEN高盈收策略	國友隆一著	180元
⑤台灣獨立	森　詠著	200元
⑥迷失中國的末路	江戶雄介著	220元
⑦2000年5月全世界毀滅	紫藤甲子男著	180元
⑧失去鄧小平的中國	小島朋之著	220元

・運動遊戲・電腦編號 26

①雙人運動	李玉瓊譯	160元
②愉快的跳繩運動	廖玉山譯	180元
③運動會項目精選	王佑京譯	150元
④肋木運動	廖玉山譯	150元
⑤測力運動	王佑宗譯	150元

・休閒娛樂・電腦編號 27

①海水魚飼養法	田中智浩著	300元
②金魚飼養法	曾雪玫譯	250元
③熱門海水魚	毛利匡明著	元
④愛犬的教養與訓練	池田好雄著	250元

• 銀髮族智慧學 • 電腦編號 28

①銀髮六十樂逍遙	多湖輝著	170元
②人生六十反年輕	多湖輝著	170元
③六十歲的決斷	多湖輝著	170元

• 飲 食 保 健 • 電腦編號 29

①自己製作健康茶	大海淳著	220元
②好吃、具藥效茶料理	德永睦子著	220元
③改善慢性病健康藥草茶	吳秋嬌譯	200元
④藥酒與健康果菜汁	成玉編著	250元

• 家庭醫學保健 • 電腦編號 30

①女性醫學大全	雨森良彥著	380元
②初爲人父育兒寶典	小瀧周曹著	220元
③性活力強健法	相建華著	200元
④30歲以上的懷孕與生產	李芳黛編著	220元
⑤舒適的女性更年期	野末悅子著	200元
⑥夫妻前戲的技巧	笠井寬司著	200元
⑦病理足穴按摩	金慧明著	220元
⑧爸爸的更年期	河野孝旺著	200元
⑨橡皮帶健康法	山田晶著	200元
⑩33天健美減肥	相建華等著	180元
⑪男性健美入門	孫玉祿編著	180元

• 心 靈 雅 集 • 電腦編號 00

①禪言佛語看人生	松濤弘道著	180元
②禪密教的奧秘	葉逯謙譯	120元
③觀音大法力	田口日勝著	120元
④觀音法力的大功德	田口日勝著	120元
⑤達摩禪106智慧	劉華亭編譯	220元
⑥有趣的佛教研究	葉逯謙編譯	170元
⑦夢的開運法	蕭京凌譯	130元
⑧禪學智慧	柯素娥編譯	130元
⑨女性佛教入門	許俐萍譯	110元
⑩佛像小百科	心靈雅集編譯組	130元
⑪佛教小百科趣談	心靈雅集編譯組	120元

⑫佛教小百科漫談	心靈雅集編譯組	150元
⑬佛教知識小百科	心靈雅集編譯組	150元
⑭佛學名言智慧	松濤弘道著	220元
⑮釋迦名言智慧	松濤弘道著	220元
⑯活人禪	平田精耕著	120元
⑰坐禪入門	柯素娥編譯	150元
⑱現代禪悟	柯素娥編譯	130元
⑲道元禪師語錄	心靈雅集編譯組	130元
⑳佛學經典指南	心靈雅集編譯組	130元
㉑何謂「生」　阿含經	心靈雅集編譯組	150元
㉒一切皆空　般若心經	心靈雅集編譯組	150元
㉓超越迷惘　法句經	心靈雅集編譯組	130元
㉔開拓宇宙觀　華嚴經	心靈雅集編譯組	130元
㉕真實之道　法華經	心靈雅集編譯組	130元
㉖自由自在　涅槃經	心靈雅集編譯組	130元
㉗沈默的教示　維摩經	心靈雅集編譯組	150元
㉘開通心眼　佛語佛戒	心靈雅集編譯組	130元
㉙揭秘寶庫　密教經典	心靈雅集編譯組	180元
㉚坐禪與養生	廖松濤譯	110元
㉛釋尊十戒	柯素娥編譯	120元
㉜佛法與神通	劉欣如編著	120元
㉝悟（正法眼藏的世界）	柯素娥編譯	120元
㉞只管打坐	劉欣如編著	120元
㉟喬答摩・佛陀傳	劉欣如編著	120元
㊱唐玄奘留學記	劉欣如編著	120元
㊲佛教的人生觀	劉欣如編譯	110元
㊳無門關（上卷）	心靈雅集編譯組	150元
㊴無門關（下卷）	心靈雅集編譯組	150元
㊵業的思想	劉欣如編著	130元
㊶佛法難學嗎	劉欣如著	140元
㊷佛法實用嗎	劉欣如著	140元
㊸佛法殊勝嗎	劉欣如著	140元
㊹因果報應法則	李常傳編	140元
㊺佛教醫學的奧秘	劉欣如編著	150元
㊻紅塵絕唱	海　若著	130元
㊼佛教生活風情	洪丕謨、姜玉珍著	220元
㊽行住坐臥有佛法	劉欣如著	160元
㊾起心動念是佛法	劉欣如著	160元
㊿四字禪語	曹洞宗青年會	200元
51妙法蓮華經	劉欣如編著	160元
52根本佛教與大乘佛教	葉作森編	180元

⑬大乘佛經	定方晟著	180元
⑭須彌山與極樂世界	定方晟著	180元
⑮阿闍世的悟道	定方晟著	180元
⑯金剛經的生活智慧	劉欣如著	180元

・經營管理・電腦編號 01

◎創新經營管理六十六大計（精）	蔡弘文編	780元
①如何獲取生意情報	蘇燕謀譯	110元
②經濟常識問答	蘇燕謀譯	130元
④台灣商戰風雲錄	陳中雄著	120元
⑤推銷大王秘錄	原一平著	180元
⑥新創意・賺大錢	王家成譯	90元
⑦工廠管理新手法	琪　輝著	120元
⑨經營參謀	柯順隆譯	120元
⑩美國實業24小時	柯順隆譯	80元
⑪撼動人心的推銷法	原一平著	150元
⑫高竿經營法	蔡弘文編	120元
⑬如何掌握顧客	柯順隆譯	150元
⑭一等一賺錢策略	蔡弘文編	120元
⑯成功經營妙方	鐘文訓著	120元
⑰一流的管理	蔡弘文編	150元
⑱外國人看中韓經濟	劉華亭譯	150元
⑳突破商場人際學	林振輝編著	90元
㉑無中生有術	琪輝編著	140元
㉒如何使女人打開錢包	林振輝編著	100元
㉓操縱上司術	邑井操著	90元
㉔小公司經營策略	王嘉誠著	160元
㉕成功的會議技巧	鐘文訓編譯	100元
㉖新時代老闆學	黃柏松編著	100元
㉗如何創造商場智囊團	林振輝編譯	150元
㉘十分鐘推銷術	林振輝編譯	180元
㉙五分鐘育才	黃柏松編譯	100元
㉚成功商場戰術	陸明編譯	100元
㉛商場談話技巧	劉華亭編譯	120元
㉜企業帝王學	鐘文訓譯	90元
㉝自我經濟學	廖松濤編譯	100元
㉞一流的經營	陶田生編著	120元
㉟女性職員管理術	王昭國編譯	120元
㊱ＩＢＭ的人事管理	鐘文訓編譯	150元
㊲現代電腦常識	王昭國編譯	150元

㊳電腦管理的危機	鐘文訓編譯	120元
㊴如何發揮廣告效果	王昭國編譯	150元
㊵最新管理技巧	王昭國編譯	150元
㊶一流推銷術	廖松濤編譯	150元
㊷包裝與促銷技巧	王昭國編譯	130元
㊸企業王國指揮塔	松下幸之助著	120元
㊹企業精銳兵團	松下幸之助著	120元
㊺企業人事管理	松下幸之助著	100元
㊻華僑經商致富術	廖松濤編譯	130元
㊼豐田式銷售技巧	廖松濤編譯	180元
㊽如何掌握銷售技巧	王昭國編著	130元
㊿洞燭機先的經營	鐘文訓編譯	150元
52新世紀的服務業	鐘文訓編譯	100元
53成功的領導者	廖松濤編譯	120元
54女推銷員成功術	李玉瓊編譯	130元
55ＩＢＭ人才培育術	鐘文訓編譯	100元
56企業人自我突破法	黃琪輝編著	150元
58財富開發術	蔡弘文編著	130元
59成功的店舗設計	鐘文訓編著	150元
61企管回春法	蔡弘文編著	130元
62小企業經營指南	鐘文訓編譯	100元
63商場致勝名言	鐘文訓編譯	150元
64迎接商業新時代	廖松濤編譯	100元
66新手股票投資入門	何朝乾　編	200元
67上揚股與下跌股	何朝乾編譯	180元
68股票速成學	何朝乾編譯	200元
69理財與股票投資策略	黃俊豪編著	180元
70黃金投資策略	黃俊豪編著	180元
71厚黑管理學	廖松濤編譯	180元
72股市致勝格言	呂梅莎編譯	180元
73透視西武集團	林谷燁編譯	150元
76巡迴行銷術	陳蒼杰譯	150元
77推銷的魔術	王嘉誠譯	120元
7860秒指導部屬	周蓮芬編譯	150元
79精銳女推銷員特訓	李玉瓊編譯	130元
80企劃、提案、報告圖表的技巧	鄭　汶　譯	180元
81海外不動產投資	許達守編譯	150元
82八百件的世界策略	李玉瓊譯	150元
83服務業品質管理	吳宜芬譯	180元
84零庫存銷售	黃東謙編譯	150元
85三分鐘推銷管理	劉名揚編譯	150元

⑯推銷大王奮鬥史	原一平著	150元
⑰豐田汽車的生產管理	林谷燁編譯	150元

•成功寶庫•電腦編號 02

①上班族交際術	江森滋著	100元
②拍馬屁訣竅	廖玉山編譯	110元
④聽話的藝術	歐陽輝編譯	110元
⑨求職轉業成功術	陳　義編著	110元
⑩上班族禮儀	廖玉山編著	120元
⑪接近心理學	李玉瓊編著	100元
⑫創造自信的新人生	廖松濤編著	120元
⑭上班族如何出人頭地	廖松濤編著	100元
⑮神奇瞬間瞑想法	廖松濤編譯	100元
⑯人生成功之鑰	楊意苓編著	150元
⑲給企業人的諍言	鐘文訓編著	120元
⑳企業家自律訓練法	陳　義編譯	100元
㉑上班族妖怪學	廖松濤編著	100元
㉒猶太人縱横世界的奇蹟	孟佑政編著	110元
㉓訪問推銷術	黃静香編著	130元
㉕你是上班族中強者	嚴思圖編著	100元
㉖向失敗挑戰	黃静香編著	100元
㉚成功頓悟100則	蕭京凌編譯	130元
㉛掌握好運100則	蕭京凌編譯	110元
㉜知性幽默	李玉瓊編譯	130元
㉝熟記對方絕招	黃静香編譯	100元
㉞男性成功秘訣	陳蒼杰編譯	130元
㊱業務員成功秘方	李玉瓊編著	120元
㊲察言觀色的技巧	劉華亭編著	180元
㊳一流領導力	施義彥編譯	120元
㊴一流說服力	李玉瓊編著	130元
㊵30秒鐘推銷術	廖松濤編譯	150元
㊶猶太成功商法	周蓮芬編譯	120元
㊷尖端時代行銷策略	陳蒼杰編著	100元
㊸顧客管理學	廖松濤編著	100元
㊹如何使對方說Yes	程　羲編著	150元
㊺如何提高工作效率	劉華亭編著	150元
㊼上班族口才學	楊鴻儒譯	120元
㊽上班族新鮮人須知	程　羲編著	120元
㊾如何左右逢源	程　羲編著	130元
㊿語言的心理戰	多湖輝著	130元

㉛扣人心弦演說術	劉名揚編著	120元
㉝如何增進記憶力、集中力	廖松濤譯	130元
㉟性惡企業管理學	陳蒼杰譯	130元
㊱自我啟發200招	楊鴻儒編著	150元
㊲做個傑出女職員	劉名揚編著	130元
㊳靈活的集團營運術	楊鴻儒編著	120元
㊵個案研究活用法	楊鴻儒編著	130元
㊶企業教育訓練遊戲	楊鴻儒編著	120元
㊷管理者的智慧	程　義編譯	130元
㊸做個佼佼管理者	馬筱莉編譯	130元
㊹智慧型說話技巧	沈永嘉編譯	130元
㊻活用佛學於經營	松濤弘道著	150元
㊼活用禪學於企業	柯素娥編譯	130元
㊽詭辯的智慧	沈永嘉編譯	150元
㊾幽默詭辯術	廖玉山編譯	150元
㊿拿破崙智慧箴言	柯素娥編譯	130元
(71)自我培育・超越	蕭京凌編譯	150元
(74)時間即一切	沈永嘉編譯	130元
(75)自我脫胎換骨	柯素娥譯	150元
(76)贏在起跑點—人才培育鐵則	楊鴻儒編譯	150元
(77)做一枚活棋	李玉瓊編譯	130元
(78)面試成功戰略	柯素娥編譯	130元
(79)自我介紹與社交禮儀	柯素娥編譯	150元
(80)說NO的技巧	廖玉山編譯	130元
(81)瞬間攻破心防法	廖玉山編譯	120元
(82)改變一生的名言	李玉瓊編譯	130元
(83)性格性向創前程	楊鴻儒編譯	130元
(84)訪問行銷新竅門	廖玉山編譯	150元
(85)無所不達的推銷話術	李玉瓊編譯	150元

・處 世 智 慧・電腦編號 03

①如何改變你自己	陸明編譯	120元
⑥靈感成功術	譚繼山編譯	80元
⑧扭轉一生的五分鐘	黃柏松編譯	100元
⑩現代人的詭計	林振輝譯	100元
⑫如何利用你的時間	蘇遠謀譯	80元
⑬口才必勝術	黃柏松編譯	120元
⑭女性的智慧	譚繼山編譯	90元
⑮如何突破孤獨	張文志編譯	80元
⑯人生的體驗	陸明編譯	80元

⑰微笑社交術	張芳明譯	90元
⑱幽默吹牛術	金子登著	90元
⑲攻心說服術	多湖輝著	100元
⑳當機立斷	陸明編譯	70元
㉑勝利者的戰略	宋恩臨編譯	80元
㉒如何交朋友	安紀芳編著	70元
㉓鬥智奇謀（諸葛孔明兵法）	陳炳崑著	70元
㉔慧心良言	亦　奇著	80元
㉕名家慧語	蔡逸鴻主編	90元
㉗稱霸者啟示金言	黃柏松編譯	90元
㉘如何發揮你的潛能	陸明編譯	90元
㉙女人身態語言學	李常傳譯	130元
㉚摸透女人心	張文志譯	90元
㉛現代戀愛秘訣	王家成譯	70元
㉜給女人的悄悄話	妮倩編譯	90元
㉞如何開拓快樂人生	陸明編譯	90元
㉟驚人時間活用法	鐘文訓譯	80元
㊱成功的捷徑	鐘文訓譯	70元
㊲幽默逗笑術	林振輝著	120元
㊳活用血型讀書法	陳炳崑譯	80元
㊴心　燈	葉于模著	100元
㊵當心受騙	林顯茂譯	90元
㊶心・體・命運	蘇燕謀譯	70元
㊷如何使頭腦更敏銳	陸明編譯	70元
㊸宮本武藏五輪書金言錄	宮本武藏著	100元
㊺勇者的智慧	黃柏松編譯	80元
㊼成熟的愛	林振輝譯	120元
㊽現代女性駕馭術	蔡德華著	90元
㊾禁忌遊戲	酒井潔著	90元
52摸透男人心	劉華亭編譯	80元
53如何達成願望	謝世輝著	90元
54創造奇蹟的「想念法」	謝世輝著	90元
55創造成功奇蹟	謝世輝著	90元
57幻想與成功	廖松濤譯	80元
58反派角色的啟示	廖松濤編譯	70元
59現代女性須知	劉華亭編著	75元
62如何突破內向	姜倩怡編譯	110元
64讀心術入門	王家成編譯	100元
65如何解除內心壓力	林美羽編著	110元
66取信於人的技巧	多湖輝著	110元
67如何培養堅強的自我	林美羽編著	90元

⑱自我能力的開拓	卓一凡編著	110元
⑳縱橫交涉術	嚴思圖編著	90元
㉑如何培養妳的魅力	劉文珊編著	90元
㉒魅力的力量	姜倩怡編著	90元
㉕個性膽怯者的成功術	廖松濤編譯	100元
㉖人性的光輝	文可式編著	90元
㉙培養靈敏頭腦秘訣	廖玉山編著	90元
㉚夜晚心理術	鄭秀美編譯	80元
㉛如何做個成熟的女性	李玉瓊編著	80元
㉜現代女性成功術	劉文珊編著	90元
㉝成功說話技巧	梁惠珠編譯	100元
㉞人生的真諦	鐘文訓編譯	100元
㉟妳是人見人愛的女孩	廖松濤編著	120元
㊲指尖・頭腦體操	蕭京凌編譯	90元
㊳電話應對禮儀	蕭京凌編著	120元
㊴自我表現的威力	廖松濤編譯	100元
㊵名人名語啟示錄	喬家楓編著	100元
㊶男與女的哲思	程鐘梅編譯	110元
㊷靈思慧語	牧　風著	110元
㊸心靈夜語	牧　風著	100元
㊹激盪腦力訓練	廖松濤編譯	100元
㊺三分鐘頭腦活性法	廖玉山編譯	110元
㊻星期一的智慧	廖玉山編譯	100元
㊼溝通說服術	賴文琇編譯	100元

・健康與美容・電腦編號 04

③媚酒傳（中國王朝秘酒）	陸明主編	120元
⑤中國回春健康術	蔡一藩著	100元
⑥奇蹟的斷食療法	蘇燕謀譯	130元
⑧健美食物法	陳炳崑譯	120元
⑨驚異的漢方療法	唐龍編著	90元
⑩不老強精食	唐龍編著	100元
⑫五分鐘跳繩健身法	蘇明達譯	100元
⑬睡眠健康法	王家成譯	80元
⑭你就是名醫	張芳明譯	90元
⑮如何保護你的眼睛	蘇燕謀譯	70元
⑲釋迦長壽健康法	譚繼山譯	90元
⑳腳部按摩健康法	譚繼山譯	120元
㉑自律健康法	蘇明達譯	90元
㉓身心保健座右銘	張仁福著	160元

㉔腦中風家庭看護與運動治療	林振輝譯	100元
㉕秘傳醫學人相術	成玉主編	120元
㉖導引術入門⑴治療慢性病	成玉主編	110元
㉗導引術入門⑵健康・美容	成玉主編	110元
㉘導引術入門⑶身心健康法	成玉主編	110元
㉙妙用靈藥・蘆薈	李常傳譯	150元
㉚萬病回春百科	吳通華著	150元
㉛初次懷孕的10個月	成玉編譯	130元
㉜中國秘傳氣功治百病	陳炳崑編譯	130元
㉟仙人長生不老學	陸明編譯	100元
㊱釋迦秘傳米粒刺激法	鐘文訓譯	120元
㊲痔・治療與預防	陸明編譯	130元
㊳自我防身絕技	陳炳崑編譯	120元
㊴運動不足時疲勞消除法	廖松濤譯	110元
㊵三溫暖健康法	鐘文訓編譯	90元
㊸維他命與健康	鐘文訓譯	150元
㊺森林浴—綠的健康法	劉華亭編譯	80元
㊼導引術入門⑷酒浴健康法	成玉主編	90元
㊽導引術入門⑸不老回春法	成玉主編	90元
㊾山白竹（劍竹）健康法	鐘文訓譯	90元
㊿解救你的心臟	鐘文訓編譯	100元
51牙齒保健法	廖玉山譯	90元
52超人氣功法	陸明編譯	110元
54借力的奇蹟⑴	力拔山著	100元
55借力的奇蹟⑵	力拔山著	100元
56五分鐘小睡健康法	呂添發撰	120元
57禿髮、白髮預防與治療	陳炳崑撰	120元
59艾草健康法	張汝明編譯	90元
60一分鐘健康診斷	蕭京凌編譯	90元
61念術入門	黃静香編譯	90元
62念術健康法	黃静香編譯	90元
63健身回春法	梁惠珠編譯	100元
64姿勢養生法	黃秀娟編譯	90元
65仙人瞑想法	鐘文訓譯	120元
66人蔘的神效	林慶旺譯	100元
67奇穴治百病	吳通華著	120元
68中國傳統健康法	靳海東著	100元
71酵素健康法	楊　皓編譯	120元
73腰痛預防與治療	五味雅吉著	130元
74如何預防心臟病・腦中風	譚定長等著	100元
75少女的生理秘密	蕭京凌譯	120元

⑯頭部按摩與針灸	楊鴻儒譯	100元
⑰雙極療術入門	林聖道著	100元
⑱氣功自療法	梁景蓮著	120元
⑲大蒜健康法	李玉瓊編譯	100元
㉛健胸美容秘訣	黃靜香譯	120元
㉜鍺奇蹟療效	林宏儒譯	120元
㉝三分鐘健身運動	廖玉山譯	120元
㉞尿療法的奇蹟	廖玉山譯	120元
㉟神奇的聚積療法	廖玉山譯	120元
㊱預防運動傷害伸展體操	楊鴻儒編譯	120元
㊳五日就能改變你	柯素娥譯	110元
㊴三分鐘氣功健康法	陳美華譯	120元
㊶道家氣功術	早島正雄著	130元
㊷氣功減肥術	早島正雄著	120元
㊸超能力氣功法	柯素娥譯	130元
㊹氣的瞑想法	早島正雄著	120元

•家庭／生活•電腦編號05

①單身女郎生活經驗談	廖玉山編著	100元
②血型•人際關係	黃靜編著	120元
③血型•妻子	黃靜編著	110元
④血型•丈夫	廖玉山編譯	130元
⑤血型•升學考試	沈永嘉編譯	120元
⑥血型•臉型•愛情	鐘文訓編譯	120元
⑦現代社交須知	廖松濤編譯	100元
⑧簡易家庭按摩	鐘文訓編譯	150元
⑨圖解家庭看護	廖玉山編譯	120元
⑩生男育女隨心所欲	岡正基編著	160元
⑪家庭急救治療法	鐘文訓編著	100元
⑫新孕婦體操	林曉鐘譯	120元
⑬從食物改變個性	廖玉山編譯	100元
⑭藥草的自然療法	東城百合子著	200元
⑮糙米菜食與健康料理	東城百合子著	180元
⑯現代人的婚姻危機	黃　靜編著	90元
⑰親子遊戲　0歲	林慶旺編譯	100元
⑱親子遊戲　1～2歲	林慶旺編譯	110元
⑲親子遊戲　3歲	林慶旺編譯	100元
⑳女性醫學新知	林曉鐘編譯	130元
㉑媽媽與嬰兒	張汝明編譯	180元
㉒生活智慧百科	黃　靜編譯	100元

㉓手相・健康・你	林曉鐘編譯	120元
㉔菜食與健康	張汝明編譯	110元
㉕家庭素食料理	陳東達著	140元
㉖性能力活用秘法	米開・尼里著	150元
㉗兩性之間	林慶旺編譯	120元
㉘性感經穴健康法	蕭京凌編譯	150元
㉙幼兒推拿健康法	蕭京凌編譯	100元
㉚談中國料理	丁秀山編著	100元
㉛舌技入門	增田豐　著	160元
㉜預防癌症的飲食法	黃静香編譯	150元
㉝性與健康寶典	黃静香編譯	180元
㉞正確避孕法	蕭京凌編譯	130元
㉟吃的更漂亮美容食譜	楊萬里著	120元
㊱圖解交際舞速成	鐘文訓編譯	150元
㊲觀相導引術	沈永嘉譯	130元
㊳初為人母12個月	陳義譯	180元
㊴圖解麻將入門	顧安行編譯	160元
㊵麻將必勝秘訣	石利夫編譯	160元
㊶女性一生與漢方	蕭京凌編譯	100元
㊷家電的使用與修護	鐘文訓編譯	160元
㊸錯誤的家庭醫療法	鐘文訓編譯	100元
㊹簡易防身術	陳慧珍編譯	150元
㊺茶健康法	鐘文訓編譯	130元
㊻雞尾酒大全	劉雪卿譯	180元
㊼生活的藝術	沈永嘉編著	120元
㊽雜草雜果健康法	沈永嘉編著	120元
㊾如何選擇理想妻子	荒谷慈著	110元
㊿如何選擇理想丈夫	荒谷慈著	110元
(51)中國食與性的智慧	根本光人著	150元
(52)開運法話	陳宏男譯	100元
(53)禪語經典＜上＞	平田精耕著	150元
(54)禪語經典＜下＞	平田精耕著	150元
(55)手掌按摩健康法	鐘文訓譯	180元
(56)脚底按摩健康法	鐘文訓譯	150元
(57)仙道運氣健身法	李玉瓊譯	150元
(58)健心、健體呼吸法	蕭京凌譯	120元
(59)自彊術入門	蕭京凌譯	120元
(60)指技入門	增田豐著	160元
(61)下半身鍛鍊法	增田豐著	180元
(62)表象式學舞法	黃静香編譯	180元
(63)圖解家庭瑜伽	鐘文訓譯	130元

國家圖書館出版品預行編目資料

面談獲勝戰略／風間俊介著；李芳黛譯，
—初版，—臺北市，大展，民86
面；　公分—（社會人智囊；24）
譯自：面接の戦略
ISBN 957-557-712-4（平裝）

1.面談

178.4　　86005166

面談獲勝戰略　ISBN 957-557-712-4

原著者／風間俊介
編譯者／李芳黛
發行人／蔡森明
出版者／大展出版社有限公司
社址／台北市北投區（石牌）致遠一路二段12巷1號
電話／(02) 8236031・8236033
傳真／(02) 8272069
郵政劃撥／0166955－1
登記證／局版臺業字第2171號
承印者／高星企業有限公司
裝訂／日新裝訂所
排版者／千兵企業有限公司
電話／(02) 8812643
初版1刷／1997年（民86年）5月

定價／180元

大展好書 好書大展

大展好書 好書大展